拉姆斯菲尔德规则

[美]唐纳德·拉姆斯菲尔德(Donald Rumsfeld)◎著
梅 静◎译

美国最高级别的管理课

RUMSFELD'S RULES

Leadership Lessons in Business, Politics, War, and Life

美国总统要求白宫每位资深成员人手一份的金科玉律

湖南人民出版社 博集天卷 CS-BOOKY

献给为本书的规则添砖加瓦以及让我有幸变得更加睿智的人。

这些人包括孔子、克劳塞维茨、丘吉尔和孙子等。

目录
CONTENTS

第六课　未知的未知 / 089

第七课　面对危机 / 102

第九课　摔跤里的学问 / 136

第十课　与官僚机构的抗争 / 145

第十二课　任职白宫 / 185

第十三课　资本 / 204

第十四课　愿望的乐观性 / 219

引言

借来的智慧

漫漫人生路，我们很多人时不时都会遇到一些有趣或睿智的事，并暗想："我应该把它记下来。"好吧，打记事起，我就开始这么做了。这个习惯，我很可能是从做老师的母亲那里继承来的。她鼓励我遇到生词都先记下来，过后再查。结果，我发现自己一直在记录，不仅记下了生词，还记下了各种只言片语和格言警句，并把它们都放进了鞋盒里。

比如，第二次世界大战期间，父亲驻扎在一艘航母上。我给他写了封信，说自己想退出童子军，以便有更多的时间和朋友们做运动。数周后，我收到了父亲的回信。当时，那种薄光泽纸写的信就是众所周知的"胜利邮件"。父亲说我有权决定是否退出，但他接着写道："放弃一次，以后就会放弃第二次。很快，你就会变成一个轻言放弃的人。"我把这条建议存进了鞋盒。

数年后，在佛罗里达州的彭萨科拉参加海军飞行训练时，我用SNJ机——一种单引擎涡轮螺旋桨飞机学习飞行。我在该机型的指南手册上找到了一些简明扼要的建议："如果迷失了方向，记住三点：爬升、节油、呼救。”“爬升”意为飞行员应该达到一定的高度，以获得更广阔的视野，从而确定方位；如有必要，关掉引擎滑翔，以便安全降落。“节油”意为减慢飞行速度，“释放出”燃料混合物，节约用油，以争取更多时间辨明方位。“呼救”意为迅速接通无线电，向任何可能在收听的人求救：“我迷路了，需要帮助！”

我们都会偶尔迷失，或随波逐流。因此，对任何人来说，“爬升、节油、呼救”都是条不错的建议。如果某件棘手的事让你迷惘困惑，那就后退一步，好好观察一下。不要急，深呼吸。如果你依然毫无头绪，就勇敢面对，不要犹豫，赶紧寻求帮助吧。

多年后，在理查德·尼克松总统的政府里供职时，我和尼克松的首席国内顾问丹尼尔·帕特里克·莫伊尼汉相交甚笃。丹尼尔极有天分，曾供职于肯尼迪和约翰逊政府。每次和丹尼尔交谈之后，我都能学到点儿新东西，并觉得生活变得更加美好了。无论大事小事，他几乎都感兴趣。有一次聊天，丹尼尔突然冷不丁地说了句：“唐，只买黑袜子就好。”我疑惑地看了他一眼。他说：“这个颜色百搭。”我认为他想说：在一个繁忙的世界里，最好用某些简单的习惯和决定让事情变得更容易。不过，这也可能只是着装建议而已。

一九七四年，我在国会的老友杰拉尔德·福特一被选为总统，就迫不及待地邀我出任白宫办公厅主任。因为理查德·尼克松令人震惊的辞职，突然成为总统的杰拉尔德·福特面临着极大的挑战。他上任初期，某天，我偶然提到了自己收集的某条“规则”。得知我还有很多关于如何管理政府的“引言”和“观察结果”后，他提出想都看看。

于是，我让自己的老助手利昂娜·古德尔把它们打印出来。稍加润色后，我便交了一份复印件给总统。他立刻为它们取了个名——“拉姆斯菲尔德的金科玉律”，并要求我为白宫里的每位资深成员都复印一份。从那以后，总统、政府职员、商业领袖、外交官、国会成员，以及很多成就卓著的人都读到了那

福特总统知道我有很多关于政府管理方面的“引言”和“观察结果”后，提出想都看看。于是，我给了他一份复印件。他立刻为它们取了个名——“拉姆斯菲尔德的金科玉律”。

些规则。的确，它们似乎已经有了自己的生命。

值得一提的是，“拉姆斯菲尔德的金科玉律”并不全是拉姆斯菲尔德说的，而且它们也并不全是规则，很多都是生活经验和我从别人那里收集到的睿智之言。说实话，我都不知道自己是否有真正原创的思想。我喜欢结交比自己聪明的人，他们懂的比我多，也做到了我未能做到的事。通常，棘手的事我都会与别人商量。这些人往往都是各行各业的精英，是商界、军界、政界的领导者，是处理政府事务和全球事务的好手，这本书里的很多规则都来自他们。其余的那些则来自我的耳闻目睹，以及我这八十多年来无比幸运的人生。

简而言之，这里讲的就是规则的种类。我已归总了出处明确的规则，但我自己的以及出处不详的规则——我想，你或许可以用“已知的未知”来形容这些规则——则未另行归总，只收录在了文中。

我想，这些规则之所以有用，是因为它们洞悉了人类本性，是经得住时间考验甚至现代科技试炼的真知灼见。大多数规则的适用范围极广，无论你是想成为政界、宗教界、商界、体育界还是军界的领导，它们都能对你有所帮助。它们蕴含着从日常生活中提炼出的智慧，能让你在谈话中和会议上更具洞察力，能为你提供一个更有说服力的论点，或成为你做出决策的指路标。

最初的那些规则于一九七四年汇编成册，不过，它们绝非一成不变。每每获悉新的东西，我都会及时更新它们——这样的事几乎每天都在发生。不如说，无论是对我的生活而言，还是对世界而言，这四十年间都发生了很多事。我不仅在三届政府中出任白宫办公厅主任和内阁官员，还是两家世界500强企业的执行总裁，以及其他多家企业的董事。

我在生活中学到的东西，对我所从事的公职同样影响至深，从这些规则中就可见一斑。从未间断的笔记，以及本书中提到的各种经历和逸事使它们越来越丰富。有时候，“拉姆斯菲尔德的金科玉律”来自我目睹的他人犯下的错误；有时候，它们是我自己努力吸取经验教训的结果。这么说来，它们就是从一段人生经历中提炼出的、蕴含着个人智慧的独特见解。

当你翻开这本书时，我想告诉你我最喜欢的一条规则，一条值得铭记在心的规则："所有的概括都是谬误——包括这一条。"这条规则的要点是：规则无法取代判断。正因为如此，领导力才如此难得，真正卓越的领袖才如此稀少。做决定不仅需要权衡利弊，还需要考虑原则，有时甚至还得打破规则。的确，有时候必须得挑战传统智慧、舍弃主流、另辟蹊径，抛开所有的规则手册。道格拉斯·麦克阿瑟将军曾经说过："规则大多都是用来被打破的，但懒人们常常躲在其后。"麦克阿瑟的说法有些夸大。毕竟，在朝鲜战争中，正是他打破规则，无视三军总司令命令的做法，才导致哈里·杜鲁门总统开除了他。不过，卓越的领袖可以并应该打破规则的情况当然是存在的。生活并非步步都有指导手册或路线图；遇到难题时，也没有万无一失的答案。任何规则都不可能适用于所有情况。

不论你处在人生的哪个阶段，不论你从事何种职业，这些规则都是有用的。某些可能适用于你目前的情况；某些也许要等你职位升迁，承担起更多的责任后，才会体现出它们的价值。

本书各节课按主题而非时间顺序安排。所以，你可以自由选择阅读方式——可以从头至尾按顺序读，也可以跳读，直接翻到你最感兴趣的那一课。我希望，至少，某些规则能让你会心一笑。

作为海军飞行员、国会众议员、白宫办公厅主任、美国驻北约大使、内阁官员、总统特使、国防部长、执行总裁、公司董事、丈夫、三个孩子的父亲、七个孩子的祖父，直到今天，我还常常寻求这些规则的指导。但是，不可否认，我也并非时刻都遵循它们。比如，我最喜欢的一条规则就是："如果要制定规则，永远不要超过十条。"

第一课

身处底层的策略

除非出身名门——比如洛克菲勒家族、肯尼迪家族、范德比尔特家族或布什家族，否则，你不可能在人生起跑线上领先别人多少。大部分人都是从底层往上爬的。小时候，经济大萧条时期和第二次世界大战期间，我送过冰、三明治和报纸，卖过杂志，割过草坪；为了糊口，还当过建筑工人、清洁工和地毯专洁员。厄休拉·伯恩斯——世界500强企业中第一位黑人女性执行总裁——开创施乐公司时，只是将其视为一次暑期实践。国家橄榄球联盟总裁罗格·古德尔曾是皮特·罗泽尔[①]的助理兼司机。麦当劳执行总裁吉姆·斯金纳一开始只是名餐厅见习经理。一九六〇年，杰克·韦尔奇刚到通用电气公司时只是名初级工程师。上述所有人都努力工作，在众多精英中脱颖而出，步步高升。

---

① 国家橄榄球联盟前总裁。——译者注

身处底层时，要乐于向上级学习。

职场新人看见上级领导，总会认为他们得到现在的位置，不是因为走运，就是因为具备某些普通人没有的才能。事实往往并非如此。我认识的大部分成功人士，几乎都是从零开始。当然，他们有才华，但也会努力工作，并向身边的人学习。不管他们有没有意识到，他们都在遵循某些规则，某些可能会引导新人或那些位居中层的人迈向高层的规则。

我的一个女儿上大四后，就工作问题来征求我的意见。我细细回想了一番，还是没想起来她是不是问过我这事儿，或者我有没有给出意见——也许二者都有可能吧。和许多年轻人一样，她憧憬着自己会进入哪个行业，是否应该留在家乡芝加哥工作，还是去华盛顿或别的什么地方。我的看法是，她漏掉了一个最重要的问题：在哪儿工作不重要，重要的是，跟什么样的人一起工作。

回顾我的职业生涯，我有幸与这个国家——或者应该说全世界——最优秀的人共事。我看到、听到、学到了很多。那些经历不仅让我成长为一名更优秀的员工，也让我变成了一名更优秀的领导。一九五七年从海军退役时，我二十五岁，有妻子、有个孩子，却没钱、没人脉、没工作。我完全料想不到，之后的生活会那般精彩。

我曾靠奖学金就读于普林斯顿大学。离开海军后，我联系该校的就业办公室，得到了人生的第一份工作。之后，来自俄亥俄州沃伦的众议员——戴维·丹尼森写信给学校，想找名行政助理。我向来对政治和政府工作感兴趣，于是便从芝加哥赶到华盛顿参加面试。

戴维·丹尼森完全符合我心目中众议员的形象。他非常正直，且为自己能成为家乡——俄亥俄州东北部的代表而深感荣幸。当他把助理一职给了我时，我真是高兴坏了。

然而，在国会山工作的兴奋感很快便被不知所措取代。我完全是个新手，之前从未做过办公室工作。大学毕业后，我便成了一名海军飞行员。对我来说，要适应如此繁杂的工作——追踪法案、处理选民来信、起草演讲稿、安排广播节目——几乎是不可能的。快节奏的工作，加上经验不足，我每天下班回家的时候都心乱如麻。

在我的整个职业生涯中，很多聪明老练的人都使我受益匪浅。比如，在为丹尼森工作之后，我曾为精力充沛的罗伯特·P. 格里芬—— 一位来自密歇根州的年轻众议员工作过。后来，他当选为美国参议院议员。从某种程度上来说，我与格里芬的关系还促进了历史的改变。在我首次当选众议员，还未宣誓就职时，格里芬就邀我跟他一起反对老派共和党领导层。他支持他的朋友兼同事——杰拉尔德·鲁道夫·福特竞选众议院共和党领导人。我与福特在一九六二年结下的友谊改变了我此后的人生——从某种意义上来说，也改变了他的人生。的确，可以肯定地说，一九六四年，如果我们没有劝说福特竞选众议院少数党领袖，那么十一年后，理查德·尼克松也不可能选他做自己的副总统。

作为美国众议院科学、航天与技术委员会年轻的一员，我认识了德国火箭专家沃纳·冯·布劳恩。有“希特勒火箭专家”之称的冯·布劳恩博士是V-2火箭的设计者之一。第二次世界大战期间，这种导弹夺去了数百名英国人的性命。战争结束后，虽然受到苏联的邀请，他还是来到美国，为美国太空计划的成功立下了汗马功劳。我之所以对弹道导弹产生兴趣，离不开冯·布劳恩的影响。这种导弹带来了威胁，同样也带来了机会。数年后，我支持在美国建立导弹防御系统，这些早年的经历也是原因之一。

一九六八年，理查德·尼克松当选总统之后，敦促我放弃国会中的席位，加入他的政府。我拒绝了很多次，但最后还是接受了邀约。事实证明，我在行政部门获得了极其丰富的经验。我密切关注丹尼尔·帕特里克·莫伊尼汉，因为他总会说些有趣又深刻的话。我向诸如乔治·舒尔茨、阿瑟·伯恩斯、赫布·斯坦和米尔顿·弗里德曼之类的经济学家学习，也向尼克松总统学习。总统深知，听取他的政府中这些专家的意见，是非常重要的。

越努力工作，我就越幸运。——斯蒂芬·利科克

回想起来，我给女儿的建议也适用于如今刚起步的年轻人。不要太关注薪水、头衔、工作地点或办公室外的风景好不好。如果你工作努力、出色，一开始就与才华横溢的人共事，那些东西早晚都会如你所愿的。如果你想当橄榄球教练，那就花上一年为比尔·贝利奇克[①]当初级助理，或者当吉姆·哈博[②]的实习生，再去为不那么有名的人效力。如果你想当演员，那就接受梅丽尔·斯特里普或克林特·伊斯特伍德身边的任何职位，就算是为他们端咖啡或复印文件也没关系。从最底层干起，只要能接近这些人，干什么都没关系。你值得花时间向最优秀的人学习，并仔细观察他们身边的那些精英。

在我为尼克松政府效力时，我的助手迪克·切尼喜欢说，要是某人工作做得好，我的反应就是再给他更多工作。这话一点儿都没错。老板要是发现某人有能力、工作积极、态度又好，就有多用他们、帮助他们进步的冲动。实现这一点最好的办法之一，就是让他们承担更多的责任。

我刚雇用迪克·切尼时，他二十八岁，是个十分认真的年轻人。我肯定，他是有野心、有目标的，但他从不逼迫我。我想，成为美利坚合众国的副总统，应该也是他的目标之一。切尼从不抱怨工资，不要求更好的办公室，也不

① 新英格兰爱国者队主教练。——译者注
② 旧金山49人队主教练。——译者注

会要求晋升。相反，他只是埋头干事，不仅完成该做的工作，还承担起越来越多的责任。他会提出非常有用的忠告，不会因每件鸡毛蒜皮的事都来烦我。不仅如此，那些没叫他做但他觉得应该做的事，他也会去做。**如果一项分派到你手中的工作，你能不顾喜好、竭尽全力地做好它，那周围人注意到你的速度一定会让你吃惊的。**

向老员工们学习。

二十世纪六十年代，在芝加哥当股票经纪人那会儿，我会从公司顶层开始挨个儿敲门，造访下楼途中经过的每间办公室。去别家公司时，我会去接触前台的工作人员。那时候，前台工作人员通常都是女性。我很快便意识到，这些人就是一家公司的第一道防线。那些前来见老板的人，可能很轻易地被她们请进门，也可能很轻易地被拒之门外。如果愿意的话，她们不仅能传递信息，还能成为公司的巨大助力。

丹尼森众议员的办公室就因为这样一些女性而井井有条。海伦·汪纳丝、安妮·德拉蒙德和弗兰·明特都已在国会山工作多年，她们教我该怎么做。于是，我们齐心协力，维持了办公室的正常运转。

这些关键人物每个组织里都有。医院里，在照顾病人方面，往往是护士教会了实习生和住院医师许多重要的实践性技能；制造公司里，这样的人可能是领班；军中，他们可能是军士长和中士。这些人看着管理层换了一茬儿又一茬儿。他们是一个机构的资料库，而且往往还是个乐于分享的资料库。

我从他们身上学到了很多，其中最重要的一点是：**不论处在什么职位，都要去接触那些知道得比你多、在这里工作时间比你长的人。**找到他们，仔细倾听，用心学习。

别觉得自己是老板，你不是。

对于一名员工来说，谦逊和谨慎是两项十分重要的品质。不论处在哪个岗位，你都要时刻记住：对外界来说，你就是老板的代表。你的一言一行反映的都是老板和整个公司的想法。当你代表老板或公司发言时，一定要确保传达信息的准确性。

> 在执行老板的决定时，确保结果就是他想要的。

比如，在我为丹尼森众议员工作期间，选民或记者会就某件事问我议员的看法，有时甚至还会问我的看法。我知道，他们在乎的不是我的意见。如果拿不准，我就会表现得顺从一些，看看这些人还有没有兴趣继续向我提问。我非常清楚，我不是那个被选出来代表其家乡数十万民众的人。有时候，职员尤其是有主见的职员常常忘记这一点。员工一定要学会杜绝自己的这种妄念，否则，来做这件事的就是老板了。

如果一件事不需要老板亲自定夺，你就全权负责了吧。

我曾参加过一些无用的会议，在会中听到一些自己早就知道的事。我也参加过一些毫无必要的讨论，讨论的内容其实根本不需要我参与。我希望那些组织者能从我呆滞的眼神中看出我是真的心不在焉。一个有效率的老板工作是很努力的，没时间处理公司遇到的每件事。所以，他需要员工的协助。员工不能仅为了获得面谈机会，便一遇到什么事，就去找老板。

在五角大楼，高级军官和文职人员是国防部的重要成员。他们大多数人都是经验丰富的中高层官员——空军、陆军和海军上校，以及海军上尉——有能力为上级军官和文职人员处理好日常事务，并管理好相应的文件。如果没有他们，庞大、零散的国防部就要运转不灵了。在五角大楼，跟我共事的人都知道什么时候该请示，什么时候该自己处理问题。因为他们留心观察过我的思考模式和所持见解，知道自己有替我指导高级文员和军事将领们的权力。在任何组织中，老板都应该感激这些认真领会自己用意，并将其逐级下传的员工。在拿某个问题去打扰老板之前，他们都会问自己：还有别的什么人能解决这件事吗？

倘若犹豫不决，交给老板处置。

考虑一件事是否值得花费领导的时间，引起他/她的关注，是很合理的。如果在重大问题上没有征求老板的意见，结果就可能是：你做出了不合老板心意的指示。问对老板问题，能节省大量时间，并免去后期的许多麻烦。

你去转角办公室寻求指示时，要抱着将来如果遇到类似情形，就能再次用到这些指示的心态。提问也有学问。打个比方，如果你想知道承担某项任务的某个人该不该加班，或许你可以这么问："在哪种情况下，加班合理？"

在寻求老板指示时，努力做到言简意赅，问完就离开。你不想成为那个老板一看到就会头疼的人吧。聪明的员工很快会学到的另一件事是：**每次去见老板，都要带上纸和笔。**否则，你就会跟没记下八位客人复杂点菜单的服务生一样了。显然，他肯定会忘东西的。大多数人都没耐心重复已经说过的话。老板叫你去他的办公室，肯定不是为了锻炼声带；毫无疑问，他是有事跟你说。礼貌的做法是，时刻准备着记下他说的话，让他不必重复第二遍。

如果你搞砸了，告诉老板，并迅速纠正错误。

二〇〇四年一月，巴格达的一次新闻发布会首次宣布，美国军方已经开始就虐囚事件展开调查。这条消息在媒体、公众和五角大楼中都没有引起太多关注。在拥有三百万成员的国防部，这不过是每年数千项常规调查中的一项。在值夜班时，阿布格莱布监狱存在一些虐囚事件，这些我们早有耳闻。有些士兵还拍了照，我们找到了那些照片，并将它们作为调查的一部分。

三个月后，有人告诉我，一档电视节目得到了部分照片的复印件，打算就该事件做期节目。我要求看看那些照片，以便通知总统和国会，征求一些意见，看国防部应该如何反应。结果，那些照片简直惨不忍睹。它们会破坏美军在伊拉克做出的努力，鼓舞敌军士气，降低美国民众对战争的支持。初次看到那一小撮穿着美国军装的狱卒做出的种种暴行时，我就像被人狠狠地打了一拳。在调查之初，有人就向我描述过这些照片上的虐待事件。那时候，五角大楼就应该通知总统和国会领导，以便做出更有效的反应。但现在，我们有些措手不及。

我和高层领导未能早点儿意识到此次事件，实在是非常遗憾。我觉得自己有负于总统和全美人民。我把这件事上报给了总统，却没有给他足够的时间应付这场冲击。数日后，我两次向布什总统提交辞呈，但都被他拒绝了。

通常来说，领导若及时意识到了错误并勇于面对，便能及时纠正它。拖延不会让坏消息变成好消息。如果你搞砸了什么事，最好尽快告诉老板。

不要责备老板，他的麻烦已经够多了。

一九七七年，当我正准备从国防部长的位置上退下来时，著名的核潜艇计划之父海曼·里科弗上将到办公室来找我。里科弗早已是海军中颇有名气的人物，他服役六十三年，创下美军历史上服役期最长的纪录。他是个很强势的人，可某些下属戏称他为“和蔼的老绅士”，真是有点儿黑色幽默。事实上，里科弗跟“和蔼”毫不沾边，他早就不习惯被拒绝。每个人，包括历任国防部长，都不会驳回他的意见。服役期间，他在所有十五任国防部长手下都干过事。

显然，这位优秀的海军将官很不高兴自己的一项提案居然被否决。说起来，他都快觉得整个潜艇部队都是他的了。他觉得，多半是我的高级军事助理——海军少将斯塔瑟·霍尔库姆没有把他的意见传达给我。他显然不相信国防部长竟会不赞同自己提出的意见。所以，霍尔库姆便首当其冲地承担了他的怒气。霍尔库姆恭敬有礼，没有向他透露驳回其提案的是国防部长——也就是说，是我。

几周后，里科弗来到我的办公室，对霍尔库姆的胆大妄为表示强烈不满。他那句话还没说完，就被我打断了：“将军，不关斯塔瑟的事。你提出的所有建议，他都给我看了。我批准了那些我同意的；而我不同意的，就没批准。”里科弗非常惊讶，我不能说他很高兴，但至少他从我这儿知道，这事儿不该怪霍尔库姆。

这件事说明了一条规则：**即便没人要求，一名好员工也会维护自己的老板。**不过，这事儿也是双向的，**一名有责任心的老板也应该支持自己的员工。**

让老板有选择的自由。因为最艰难的决策，往往需要他来面对；比较容易的抉择，可以交由下层来做。不要用会限制下属灵活性的决定，来加大他们工作的难度。

维护老板的意见吧，他需要你们的支持。

> 结论下得越普遍，就越有可能获得赞同，但这么做的结果，只能带来表面一致和政治假象。

二〇〇一年，我在乔治·W. 布什政府第二次出任国防部长时，发现在遇到棘手问题时，国家安全委员会倾向于先就该问题达成一致，而不是整理好各种意见，呈给总统定夺。我觉得，要是遇到分歧很大的事，这样做就很可能出问题。在各种意见面前，布什总统完全有做决策的能力——这一点我亲眼所见。他绝不会在难题面前退缩。但国安会没有综合意见，反而冒了会做出矛盾决策的风险。比如，朝鲜问题就存在分歧，是应该孤立它呢，还是继续寻求谈判？对此，每个总统都有自己偏好的解决方法。比如，面对棘手的问题，尼克松总统会收集起所有候选方案，然后独自或跟少数关键顾问反复思量那些方案。我仍能想象他坐在私人办公室里沉思的样子：脚搭在长椅上，手里拿着黄色便笺本，咬着笔，一项一项、有条不紊地解决这个难题。我认为，权衡各种选择，思考正反两方面意见的经历，可以让领导者受益。就算做了个坏决策，至少总统也已经仔细思索过了所有意见，而且他所有的关键顾问都得到了陈述自己意见的机会。

别让紧急需求排挤掉重要需求。

在压力巨大的情况下，总是有紧急需求排挤掉重要需求的危险。身为国防部长，我认为，我有责任让总统注意到那些可能被忽视的关键问题。通常，我都用便笺来做这件事，这个点子是我从另一名国安会成员那儿学来的。

二〇〇六年，我们的国家安全机构很适宜地将注意力放在了诸如阿富汗和伊拉克战争、打击全球恐怖主义等更紧急的任务上。然而，我确信，并且直到今天我都还持这种观点：除上述任务外，我们也需要考虑改革；在某些情况下，或许还应该彻底革新，比如到了二十一世纪，某些机构已经不能再向我们提供良好的服务了。我用便笺的形式向总统提出了这个建议，希望能有机会就此展开集中讨论。遗憾的是，时至今日，我们都还未从根本上重新思考有关美国国家安全机构的问题。

第二次世界大战中最著名的一项创新，就来自一次类似递便笺的微小举动。一九三七年，海军中尉维克托·克鲁拉克目睹了日本两栖部队攻击上海。第一次世界大战中的加利波利惨剧已经过去了二十多年。当时，突袭土耳其海岸的错误指示致使数千盟军伤亡。两栖登陆被认为是自杀之举，所以克鲁拉克饶有兴趣地观察起了那次攻击。他注意到，日军设计出的船有伸缩坡道，让士兵和车辆得以登陆。他在附近的拖船上偷偷拍了些照片，并向华盛顿传了条简讯，说日军设计的登陆艇非常成功，也许值得我们效仿。陆军部根本没有重视这条简讯，将其随意地归了档。他们认为，这不过是哪个“在中国工作的疯子”说的胡话。

但克鲁拉克一直都放不下这个念头。回国后，他在新奥尔良遇到一个名叫安德鲁·希金斯的古怪造船商。他们齐心协力，基于日本的设计，造出了一艘带伸缩坡道的船。终于，海军陆战队认识到，他们需要这样一种舰艇用于两栖登陆。几年后，这种名为“希金斯船”的战舰几乎成了美军在整个二战战场上最重要的军用设备。从诺曼底登陆，到攻击西太平洋地区的小岛，“希金斯船”运送了不计其数的盟军士兵和大量装备，使得我们取得了战争的胜利，成功解放了数百万人。

不赞同并非不忠。——柯蒂斯·E. 萨哈吉恩

对于一名员工来说，最重要也是最困难的任务之一，就是告诉老板他/她或许犯了错。某些老板或许使人退缩，但要记住：**如果老板给了你足够的信任，让你每天协助他，那他就极有可能愿意在关键问题上听听你的意见。即便你说的话他并不想听，也没有关系。**因为你就在他身旁，所以，你有义务直言相告。人人都会时不时地犯错——也许，次数还多得超乎我们的想象。

好的领导者是不耐烦“应声虫”的。这种人你应该也见过——他随时都在盛赞老板英明。即便是老板的领带，他也能大肆夸赞一番。不论老板说什么，他都深表赞同。对一个组织来说，这样的人是非常有害的，因为他/她也许会

影响老板的判断力，或扭曲事实。

任何见过我妻子乔伊丝的人都知道，她是个直言不讳的人。她总有办法洞悉事件本质，并在需要的时候提供有用的指导。一次，有人问她嫁给像拉姆斯菲尔德这样的人，并跟他共同生活五十八年，她怎么受得了。她板着脸回应道："因为他经常出差。"

如果你有反对意见或认为老板也许错了，试试这么问："您从这个角度考虑过这个问题吗？""如果它演变成这样，该怎么办？"或者"您跟迈克谈过这事儿了吗？"你完全可以避免正面交锋和任何失礼的行为。如果之后你仍然不同意他的决定，就私下里再把你的意见告诉他吧。

民主党人、众议院议长蒂普·奥尼尔是福特总统在国会的密友之一。这位机敏的国会议员是个十分好客的爱尔兰人，最爱跟总统和朋友们大讲各种趣事。一九七四年十二月，这位议长邀请他的朋友、众议院的前同事——杰拉尔德·福特参加自己六十二岁的生日宴会。

那时，福特当上总统还不到四个月，仍在适应这个新职位带来的各种压力。作为白宫办公厅主任，我的职责之一就是让调度部门查清这场活动的每个细节，即搞清楚它会在哪里举行，会持续多长时间，以及谁会出席等问题。

调度员向我汇报了所有细节，并提到这场宴会将由一个名叫朴东纯的说客主持。我记得在报上见过这个名字，他与许多国会议员都关系暧昧。让总统出席这样一个由外国说客主持并赞助的活动，我深感不安。

我在椭圆形办公室里对总统说："总统先生，我认为去参加蒂普生日宴会的事，您应该再考虑一下。"众议员福特参加这样的聚会，兴许还能逃过媒体和公众的注视，但作为美利坚合众国的总统，他绝对无所遁形。

然而，没有人比杰里·福特更忠于朋友。他已经答应过奥尼尔自己会去，所以食言的念头让他很生气。他回应道："不行，唐，蒂普是我的朋友，我一定要去。"

总统以为这事儿就算说定了。但我强烈地感觉到他正在犯一个十分严重的错误，于是我另外找了个机会，又跟他提起这事儿："总统先生，蒂普生日宴会那事儿，您知道，您是不能出席的。"

"该死的，拉姆斯菲尔德，"他说，"这事儿已经说定了。我要去！"

"好吧，"我回应道，"那您只能走着去了，我不会让总统的豪华轿车停在一个由外国说客赞助的宴会上的。说不定，那人还正在接受调查。"

温和的杰里·福特很少发火，但那次他火了。不过，他最后还是没去。后来谈起那事儿，我们都笑了。他意识到，友谊妨碍了他的判断。

结果，那个说客承认贿赂了一些国会议员。后来，不仅这些议员遭到了同行们的谴责，那次宴会也成了朴东纯先生在国会山主持的最后一场生日宴会。

如果心存疑虑，那就别做。如果仍无法确定，那就做正确的事。

虽然尽了最大努力，但老板还是不采纳你的意见，那么，执行并全力支持老板的命令就是你的职责。不过，如果你无法勉强自己支持，那除了辞职，你别无他法。不要一边执行命令，一边心存异议或向外人抱怨，破坏团队成功应有的信任和协作。

不管你是白宫办公厅主任、国会助理，还是公司主管的助理，你做出的任何决定最终都会影响到你的上司们。不论好坏，你的一言一行都会反映出雇主们的情况。

每份工作都让我学到了一些有价值的东西。有时，我学会了如何把某件事做得更好；有时，我学会了什么样的事不能做。并非每份工作都令人愉快，并非每个老板都通情达理。当然，一个组织所做的每个决定也不可能都明智、有益或公正。

良好的工作习惯是有感染性的。如果作为一名底层员工，你都能做得很好，那处在管理岗位时，你也一定能将手下的人调教得很好。最后，你或许能发现，你为建立起这样一家公司做出了贡献：从经理到最高领导，人们的反应都非常好。努力工作，认真做事，终有一天，你会坐上第一把交椅！

第二课

开会的技巧

我们都知道开会有多烦：喜欢发言的啰唆同事、一门心思巴结老板的讨厌鬼、老在已经解决的问题上纠缠不休的家伙、狂按黑莓手机吵得旁人无法听清发言的人，或者忘了关掉手机的笨蛋。还有沉默不语的人——他们绝不会在别人发言之前说出自己的意见。当然，也有这样一种人：他们会用最快的速度否决别人的看法，但自己从不提解决意见。

糟糕的会议既无用又烦人。这不禁让我想起了《呆伯特》连环漫画，那上面多的是睿智的管理建议："这次会议没有具体议程，我们照例就那些烦心事胡扯点儿什么就行了。"或者，正如我的朋友——昔日同为众议员的莫·尤德尔所说，在众议院大厅里举行的会议，是"什么事都说了，但并非每个人都开了口"。

有项研究表明，上班族平均每周花在开会上的时间为四小时，而且研究者认为，一多半的时间都被浪费掉了。难怪他们会这么想——另一项独立调查发现：在写字楼里，"会议太多"是工作效率不高的首要原因。任何人都会产生这些情绪——即便是正在参加白宫会议的内阁成员，也会忍不住看表，因为时间是一去不复返的。

并非所有会议都是噩梦。仔细想想，会议的目的就是在一个房间里集思广益，让管理者更容易地了解自己团队的新动向，从而在某一时刻、某一地点给予整个团队指导。组织良好的会议是很有价值的，也是不可或缺的。

正确思考离不开倾听的艺术。——R. 巴尔，圣约翰学院

八十多年来，我见过了各种会议。有些的确比另一些更有用，也更具建设性。我也参加过各种会议，主持人有商业领袖、国王或女王、总统或总理、学者以及独裁者。我知道，认为自己老板是独裁者的员工肯定不在少数，没准儿其中的一些就是我的下属。不过，这些年来，我也真的遇到过不少名副其实的独裁者，这些人往往都有些共同点——他们会在会议中寻求一种控制感或对与会者的支配感。

一九八三年，我与萨达姆·侯赛因会面了。多年来，这是美国高级官员与他的首次会面。当时，这位伊拉克总统穿着军装，臀部别了把珍珠色手柄的手枪。这一幕真是给我留下了很深刻的印象。

我还记得，在克里姆林宫里，弗拉基米尔·普京坐在一张大桌子那头，面无表情地开始了长篇大论。半个小时过去了。接着，又过了半个小时，还是不准提问，不得以任何对话打断他。结果，普京滔滔不绝地讲了一个半小时。也就是说，这位俄罗斯领导人不断地“输出”，而其他所有人都只能不停地“接收”。等他彻底考验完了来访者的耐心，双方才开始交换意见。

叙利亚总统巴沙尔·阿萨德的父亲——哈菲兹·阿萨德很喜欢在正式会议上出其不意地来点儿个人表演。此外，阿萨德也喜欢长篇大论，而他的仆人们则会殷勤地为客人们奉无数次茶。每次谁的茶杯半空了，他们都会匆匆赶去为

其加满。这便意味着，阿萨德的客人们不仅要与沉闷作战，还得忍着不去上厕所。毫无疑问，阿萨德十分享受外交官们的那副窘迫样：局促不安地在座位上扭个不停，一逮到机会，便纷纷冲向最近的厕所。

就算在会议中遇到这样的人，也并非没有应对之法。首先，别让他们以为他们正在做的事是成功的。

为了不走神，我会**仔细听演讲，并记下要点，以便在有发言的机会时想起自己要说什么。**

只要专心，就不会浪费时间。遇到阿萨德和普京这样的人，要知道，他们的长篇大论下总会藏着某些重要的东西——可能是一个有用的细节，也可能是一个微妙但清楚的转变，象征着一次机遇。

布什政府建立之初，我与普京进行了一次谈话，其间，他滔滔不绝地陈述美国部署导弹防御系统的危害。忽略那些华丽的修辞，仔细听完他的话之后，我产生了这样的印象：虽然不喜欢，但他们也能容忍我们的计划。他们撤销了苏联时代签下的条约，让双方都能建立起弹道导弹防御系统。这种骤然改变立场的做法，甚至引起了华盛顿的关注。

二十世纪八十年代，当邻国黎巴嫩的危机达到白热化之际，我与哈菲兹·阿萨德的谈话也是这般得体。不过，观察了他的言行举止，体味了其言外之意后，我明白，显然这位“大马士革的斯芬克司”跟某些美国外交官希望或认定的不同——他不是美国的朋友。事实上，我认为他会竭尽所能搅乱黎巴嫩的局势，赶走美军和联军。最后，他果然这么做了。

应付强势领导的另一个办法，就是委婉但清楚地表达反对意见。比如，我就利用与阿萨德的一次会面表达了我们的观点。我递给他一张新近解密的非常详细的叙利亚卫星图。二十世纪八十年代，在谷歌地图诞生之前，我们的卫星拍摄技术是尖端技术，这种技术只掌握在最发达的国家手中。我想让这位狡猾的领导者知道，即便我们在黎巴嫩的驻军受到他的监视，叙利亚也逃不过美国的眼睛。

玛格丽特·撒切尔首相的开会方式就完全不同。她惜字如金，也不喜欢看到别人浪费唇舌。人们根本不必费心去分析她的话有没有言外之意。这位长期担任英国领导人的“铁娘子”非常直率，有时甚至直率得令人振奋。

任罗纳德·里根总统的《联合国海洋法公约》特使时，我在一次会议上清楚地陈述了该公约存在的严重纰漏。其中就包括放弃美国的主权，把成百上千亿美元特许权使用费给一个非民选的国际机构，也就是乔治·奥威尔[①]所称的那种“当局”——真没想到，我居然也会赞同他的观点。撒切尔的回答直接切中要害：“这项公约提倡的就是国有化全球三分之二的国家。”提完废除英国国有矿业权和公用事业类公司后，她继续说：“所以，你知道我对国有化的态度了。告诉龙尼[②]，我支持他。”

里根总统和我都没有如此直白地表达过对《海洋法公约》的反对意见。那次会议持续的时间还不足二十五分钟。最后，我非常清楚她所持的立场或想做的事，心中没有任何疑问。

林登·约翰逊总统的会议“约翰逊色彩”十分浓重，对此，整个华盛顿都深有感触。那些会议充满了出人意料的魅力。会上，他极具洞察力、狡猾、满嘴南部格言，并不失威仪，让人心生惧意。二十世纪六十年代，还是浅资格议员的我跟林登·约翰逊接触不多，从有限的几次会面中，我产生了这样的印象：这个传奇的得克萨斯人只会听自己想听的话，对那些不想听的话，他就采取强行压制的办法。

一次，白宫召开了一场讨论越南局势的会议，我跟一些国会议员参加了会议。按照议程，副总统休伯特·汉弗莱在会上报告他刚刚完成的越南之行。但总统不停地打断他，不是从椅子上跳起来表达自己的看法，就是纠正着什么

---

① 英国左翼作家、社会评论家。——译者注

② 罗纳德的昵称。——译者注

事。他就像座过分活跃的火山，反复喷发。内阁的那些精英大部分都是肯尼迪政府的老将。他们被如此轻慢，真是让我大吃一惊。而且，他们竟然完全忍受了被这样对待，也让我觉得不可思议。

尼克松总统虽然不喜欢开会，但他还是尽量有效地利用了会议。也许是天性使然，面对一大群人，尤其是他不熟悉的人时，他会显得比较拘谨，有时甚至会有些尴尬，陈述起观点来也会非常谨慎；但跟一小群他喜欢并信任的人在一起时，他就会迅速活跃起来，自如地与人交换意见。这种时候，他都很喜欢在房间里踱步，点不同的人发言，听取他们的意见，然后再发表自己的看法。他乐于听取不同意见，也擅长扭转那些在自己的内阁中身居要职的人提出的反对意见。

作为总统，乔治·W. 布什身上有个常被低估了的优点，一个好领导必不可少的优点。他是个非常善于倾听的人，因此，会议对他来说非常有用。他能捕捉到十分微妙的要点，提出精确的问题，直接切中核心。因为大家都很清楚他会听得很仔细，所以与会者发言的时候都特别小心。他刺激得我们随时都要保持最佳状态。

> 下到五岁小童，上至国家元首，从每个人身上，你都能学到东西。
>
> ——罗伯特·戈尔德温博士

布什总统虽然是个和蔼亲切的人，但他对待会议的态度是一丝不苟的。首先，他非常守时。他从不浪费时间，虽然干净利落地按照议程行事，但也会让每个与会者都陈述完自己的观点，再开始进行下一项。总统不喜欢讨论的时候被手机打断。他一个锐利的眼神就能制止老是犯错的人。

当然，并非所有会议都攸关国运，但任何要聚集起两个或更多人实现某一目标或传达某个决定的会议，都可以从上述案例中受益。和大多数人一样，我也有一套自己的处事方法。毫无疑问，我的这些方法也是从别人身上学来的。召集人们开会时，我一直都努力记住以下这些简单的指示。

首先需要考虑是否真有开会的必要。

任何官僚组织，尤其是政府，最爱犯的一个错误就是用讨论取代决策。在某些情况下，就某个问题召开会议只会让人越来越糊涂，而不利于实实在在地做点儿事情。通常来说，那样的会议结束之后，人们都不会有满意的感觉。

如果你以一个组织领导人的身份召开会议，那就确定你有需要讨论的事，或真的需要集思广益。一定要明确目标。事先做个议程表是很有用的。**在开始讨论之前，先让与会者们知道议程，然后请严格按照议程行事。**

如果会议根本不需要太多讨论，纯粹旨在传达信息，那或许可以采用便笺或电子邮件的方式来完成这件事。尼克松总统喜欢让下属把重要的提议都写下来，原因之一便是：如此一来，就算有某些更独断的声音，会议结果也不会受到太大影响。

不用拘泥于议程表。没有非开不可的会。即便会议安排已经上了每个人的日程表，也是可以取消的。比如，在我担任世界500强企业——西尔列制药公司执行总裁期间，有一次，开会前数分钟我才收到此次会议的简报。不管怎样，我还是可以出席会议，听人们讲我几乎不了解的话题。但为什么要这样呢？我取消了会议，重新安排召开时间，给了其他与会者以及我自己更多准备的时间。

在你决定召开会议时，避免闲谈是非常重要的。有时，站着开会也很有用。我有一张站着办公的桌子，一天的大部分时候，我都在用那张桌子。这是我在海军服役期间，从一些海军军官那儿学来的。一九六九年，当我首次在政府中担任行政职务时，我就开始用这种桌子了，一用就用到了今天。站着办公除了有益健康，还能刺激前来汇报工作的人言简意赅，不说废话。我不想让任何来我办公室的人不自在，但也不喜欢他们放松过头。

对那些有事到办公室找我的人来说，站着工作能刺激他们不说废话，直奔主题。

要想得到支持，就不要剥夺他人全程参与的权利。

看在老天的分儿上，一定要留神该请哪些人来开会。**尽量避免人数太多的会议**，不然你就得租个露天剧场了。在担任国防部长的最后那段时间里，我经常一走进正在开会的白宫战情室，就能发现那里面挤着十几个人。至少，其中的一些人是根本没必要参加会议的。在前几届政府中，只有一个记录人员。要是敏感的高层会议都要摆出好莱坞的豪华阵仗，谁知道会惹出多少麻烦来呢？

有时，出于安全考虑，有必要将与会者的人数降到最少。一九八三年，我作为里根政府的代表与萨达姆·侯赛因政府接触时，一个全副武装的伊拉克护卫将我从同伴中请了出来，让我大吃一惊。他领着我匆匆穿过一条昏暗的走廊，进入了一个白皮革墙面的房间。屋里只有萨达姆的副总理兼外交部长塔里克·阿齐兹。大型会议，尤其是大型外交会议，往往都有种表演般的矫揉造作之感。阿齐兹显然想来场更私人的会面，好彻底弄清我来访的真实原因。要知道，伊拉克可从来没有掩饰过对美国的敌意。他的决定十分英明，我们深入地交换了很多有用的意见，那是一次令人难忘的会面。

> 激烈的反对往往毫无缘由，不过是心生愤懑而已：“为何不考虑我的意见？”
>
> ——帕特里克·莫伊尼汉

邀请谁来参加会议，也是需要仔细考虑的问题。你肯定会选择能真正参与到讨论中来，并提出实质性意见的人。但是，邀请那些或许不在其位，无法直接起到实质性作用的人参会也是大有裨益的。听听他们对为何要执行以及如何执行某项决策的意见，你会受益匪浅。比如，五角大楼里的某些会议，我就会努力让一名高级公共事务官员和一名国会公关人员参与，以便在准确了解外部信息的情况下，再做出某项决策。

邀请不同级别的人参会，各抒己见、博采众长，才能弥补彼此信息和观点上的缺失。虽然会议规模越大，越不容易保持实质性的交流，但能让与会者产生一种自己也参与了决策的感觉。即便最后的结果与他们的主张并不相符，也没有关系。

如果你不确定是否应该邀请某人参会，那么，当你再遇到跟此人有关的事时，你就可能面临更大的麻烦。所以，这一点也是值得好好琢磨的。

> 人们会把过错算在那些让他们等待的人头上。
>
> ——法国谚语

一场会议，不论大小、目的如何，都应该准时开始，准时结束，这不仅体现了良好的组织，也是对他人的尊重。教练军士总喜欢说，“早到五分钟，表示你很准时。准点到，其实你已经迟了。如果你迟到，那就赶紧准备理由吧”。

准时开会、按时结束不仅是基本礼貌，也是效率的保证。想象一下，要是晚开始十五分钟，得浪费多少时间？如果与会者有二十人，那总共就浪费了五个小时。

如上所述，乔治 · W. 布什最鲜明的特点之一就是守时。相反，福特总统执政之初却容忍了国务卿许多次的迟到。在椭圆形办公室举行的数次会议上，亨利 · 基辛格都迟到了。我理解，他不是故意迟到，而是国事繁重，实在太忙。不过，总统也是很忙的。

福特不喜欢给别人添麻烦。虽然他看起来并不太介意基辛格频频迟到，但会议延迟给每个一大早就赶来开会的人带来了不便。更糟糕的是，在尼克松执政的最后几个月里，基辛格甚至给人留下了他跟总统同样重要的印象。这对福特总统来说可不妙。于是，我特别强调了此事。好在基辛格表示理解，情况也最终得到了改善。

即便会惹怒某人，也要鼓励他人各抒己见。

我不怎么喜欢“别多管闲事”这句话。通常来说，只有那些听不得批评意见的人才爱说这话。问题是，几乎没有人是十全十美的。一个各自为政的组织无法激发出成员们的才干。在会议桌上，应该鼓励有建设性的或中肯切题的评论。如果时间允许，把“各部司令”“指挥官”和“广大士兵”都聚集起来，让他们各抒己见。这么做不仅是对他们专业的尊重，也能促使他们讨论一些更广泛的问题。

二〇〇一年，在商界沉浮了近四分之一个世纪后，我重返五角大楼。在与军事将领们开会时，我发现即便取得进步离不开他人襄助，四星上将们仍然很少评价彼此的表现。在五角大楼里，这种合作被称为“交叉联合”。虽然很难实现这种联合，但它还是值得一试的。不论是在和平年代，还是在战时，这个部门做（或没做）的事都有可能直接影响到其他部门。不言而喻的沉默往往让那些会议变得毫无意义。缺乏交流的会议既浪费时间，也无法带来国防部需要的新思路。

不要因为某人有不同意见，就不让他参会或发言。

我觉得，各部司令都担心，要是自己对别人的表现提出了专业意见，对方也会评论自己的表现。最后，我废止了这类会议，决定营造一种新氛围。按照传统，以前开会时，国防部长只会走进“铜墙铁壁”般严密的会议室，接见四部司令以及参谋长联席会议主席和副主席。我打破传统，定期与参谋长、包括国防部副部长和次部长在内的高级文职领导，以及刚好在城里的任何一位身为四星上将的作战司令官开会。每位高级领导人——不论是军事领导，还是文职领导——都会受邀参会，作为国防部的一员，当着彼此的面，广泛参与重要问题的商讨事宜。这些会议被称为“高级审查小组”，简称SLRG①（糟糕的是，人们常把这个简称念成“鼻涕虫”）。我们会仔细制订议程，经常问与会者其职责范围外的问题，偶尔还会问让他们不舒服的问题。我发现，这些问题激发了讨论。我相信，这么做也有利于实现“交叉联合”。换句话说，它让我们从整体上思考美国军队，而不是仅仅着眼于某一个军种或某一个特定领域。

{ 用市场检验理念。集思广益大有裨益。 }

我会努力关注每一个与会者，我喜欢观察他们对发言的反应。有时，那些无声的交流传达出来的信息一点儿都不比说出来的少。如果某个与会者一直沉默，我就会事先提醒他/她记得在会上发言。我的目标是让他们更自如地畅所欲言，不仅要谈论职责范围内的事，也要参与整个部门重要事务的商讨。结果，互动大大促进了交流。我相信，在目前这个极具挑战性的时期，这种互动也一定增强了各部门通力合作的能力。

发言的目的是让别人听懂。

大多数官僚机构都有自己的行话和缩略词。我发现，这种行话有时会成为

① SLRG为Senior Level Review Group的首字母缩写。——译者注

思维混乱的保护伞。有一次，五角大楼举行了一场晦涩又迟缓的简报，我简直要怀疑英语不是发言人的母语了。对任何习惯于内部沟通而非外部交流的孤立的大型组织来说，这都可能成为一个问题。

交流的目的是让别人听懂，这是不言自明的真理。优秀的与会者会尽量避免说行话或缩略词，清楚准确地表达观点和意见。由此一来，他们便不太可能引起误解。最重要的是，那些书写和说话都十分清楚、不带行话的人，多半也是思维最清晰的人。因此，优秀决策和健全政策的制定都离不开他们。

迟钝是最愚蠢的事。——托马斯·杰斐逊

如有必要——这种时候总会有的——温和地打断那些喋喋不休的跑题者。或许，得由你来把会议拉回到既定议程上。

我曾因为在会议上这么做而被下属指责。我承认，自己向来对跑题或准备不充分的人缺乏耐心。在五角大楼开过的那些会中，我记得的确有那么一两场会是在浪费时间，引不起我的丝毫兴趣。此外，那些言之无物或满是语法错误、没有页码的PPT演示文档，也让我厌烦不已。

> 我分不清倒霉的人和无能的人，这两种人都是我无法容忍的。
>
> ——柯蒂斯·李梅上将（美国空军）

有时，我会突然中断一场会议，建议等所有人都准备充分了，再继续开会。这种做法通常都会引起一片惊异。就我的经验来看，即便有些会议明显是在浪费时间，领导也不会休会，反而无动于衷地坐在那儿，任由会议要死不活

地开下去。要是在大多数人每天工作十二小时以上，一周工作六七天的战时，开这样毫无价值的会，他们是绝对受不了的。因此，我建议，所有人都起立，去做点儿更有用的事吧。

不论是否有价值，新观点总会招致反对。

会上提出任何新观点，往往都会有人立刻本能地表示反对。他们或许不会马上说出来，却虎视眈眈，等待着一吐为快的机会。新观点的确可能引发不安。这样的风险是存在的：一旦你公开支持某件未经检验的事，就再也无法摆脱那个观点了。每个组织都有这样的人：面对一项提议，他们会微笑点头；然而，一旦出现什么困难，他们又会立刻对组织中的其他人或某个友好的记者透露，其实自己从一开始就反对这个点子。这样的人，我甚至在最高管理层中都碰到过。有时，新观点的确会显得比较疯狂。如果一位领导对这个可能不会带来好结果的点子缺乏耐心，那也是可以理解的。我承认，会上要是出现不切实际或与议题无关的言论，我有时候会比较无礼。但无论一个人的观点多么无用，你也不应该直接在会上提出来，任何修正意见都最好私下再说。你的目的是帮助别人改进，而不是让别人难堪。哪位优秀的领导会不喜欢新观点呢？当然，如果领导想要新观点，就必须想方设法让别人知道，自己是欢迎并鼓励它们的。

不要因为提出建议的人或许会惹你生气，就做出错误的决定。

多年来，我学到的一个经验是：就算不同意某人的意见，也最好听他说完，然后转移话题，不对此发表任何意见；等到时机恰当时，再通过某个普通的问题重新提起那件事。如此一来，便不太会让人觉得你有多反对那个意见。此外，即便不同意，你也只能针对提议的内容，而不能针对提出建议的人。

罗纳德·里根很擅长在维护别人自尊的情况下表达反对意见。会上，他要是不同意谁说的话，就会讲个笑话，或边吃软糖豆，边讲件逸事来转移话题。这样，发言的那个人也会跟其他人一样笑起来，并觉得“里根总统真是个好人”，而不会觉得被里根束缚住了手脚。

会上，有时你或许会发现，自己需要挑战别人提出的预设或给出的论断。如此一来，你或许就需要一些试探性的问题，来切入那个特定的话题。这么做不仅能让你的思维变得更敏锐，促使你再次思考自己的观点，也可能会引出他人的观点，从而得出一个更好的结论。这种试探性的问题不必等到私下再说。在一个等级分明的组织中，这一点尤为重要。一场有建设性的、充满活力的会议是存在某种均化效应的，即每个人都可以各抒己见，而不必担心会得罪上级或下级。

遗憾的是，结果并非总是如此。在五角大楼的这些年里，这种情况我只遇到过一两次。其他时候，我时不时就会收到军官的匿名报告，说在他看来，我对其简报的质疑无异于突如其来的冒犯。一位带领军队冲锋陷阵的上校或将军竟然如此纤细敏感，着实让我有些吃惊。我猜，他们一定已经非常习惯下属的顺从，所以早就不乐意为某事辩护或做出解释了。事实就是，某些发言者已经离不开PPT演示文档，根本无法快速思考，回应一系列试探性的问题。

一致同意不是胆怯，就是缺乏批判性思维。——小马里昂·J. 利维

大型官僚组织会专横地滋养出一种狭隘、自私的文化，让身处其中的人越

陷越深，最终完全成为常规思维的附庸。要想知道一个组织有没有成为团体思维的受害者，检验其会场不失为一个好办法。如果在场的每个人都对某个观点赞不绝口，那或许就意味着：要想获得更大的利益，该组织就需要更多的异议和争论。

效力于公司董事会时，说得好听点儿，我这个董事长是出了名地忙。但我觉得，只要在位一天，让股东们确定如何才能让公司运转得好就是我的职责。如果执行总裁和管理层每件事都做得无可挑剔，不需要任何评论、质疑或修正，那还要董事会干吗？

> 如果一件事人人都赞同，那它肯定是错的。
>
> ——莫·尤德尔众议员（亚利桑那州民主党人）

所以，我会提问，有时问题数量还不少。即便不召开董事会，我也会给各位董事发便笺，协商公司正在做或打算做的事。我认为，作为董事长，这就是我应该扮演的角色。一位执行总裁曾对我的妻子乔伊丝说："唐很不错。"接着，他又补充了一句："但在董事会中，像他这样的人，一个就足够了！"

会议的最后一个要点："我们漏掉什么了吗？"

休会前，总结一下此次会议的要点，确定每位与会者都清楚你接下来要做什么，以及让谁来做。不论你或别的人要完成什么样的任务，都一定要知会所有人。

我发现，通过一句简单的问话，给在场的人最后一次发言的机会，也是大有裨益的。你可以这样问：“还有什么别的事吗？”或“我们漏掉什么了吗？”经常都会有人想说重要的事，却没找到机会。此外，提出上述问题，也预示着会议即将结束。最好每场会议都是有意义的，能在结束时让与会者们期待下次开会。当然，再就这方面提问，或许就显得过于啰唆了。

第三课

识　才

在约翰·F. 肯尼迪不幸被缩短的总统任期即将走到尽头前，他对一些朋友说了三个他认为可能的继任人选。据传记作家罗伯特·A. 卡罗记载，这三个人分别是国防部长罗伯特·麦克纳马拉、财政部长道格拉斯·狄龙和总统的弟弟鲍比。[①]显然，这份名单里并没有副总统林登·贝恩斯·约翰逊的名字。然而，一九六三年十一月接替肯尼迪的，正是此人。

林登·约翰逊是个脾气暴躁、充满传奇色彩的得克萨斯人。他从未与衣着考究、出身哈佛的"肯尼迪们"真正地打成一片。他虽然是个老辣的议员和参议院领袖，却不是一位出色的总统。

几年之后，一九六八年共和党全国代表大会期间，在佛罗里达州的迈阿密滩市，理查德·尼克松邀我到他的酒店套房参加一场深夜聚会。那天晚上早些时候，他已被选为其所在党派

① 罗伯特·A. 卡罗，《走向权力的通道：林登·约翰逊的岁月》（*The Year of Lyndon Johnson: The Passage of Power*），224页，纽约：克诺夫出版社，二〇一二年版。——作者注

的总统候选人。我到的时候，众人正在为他挑选竞选伙伴。到场的人有：葛培理牧师、托马斯·杜威等共和党政要、参议员巴里·戈德华特和斯特罗姆·瑟蒙德、几个州的州长、尼克松的几名亲信，以及一些国会议员。尼克松的脚随意地搁在咖啡桌上，逐一询问我们心目中的理想人选。众人提到了很多名字：纽约州州长纳尔逊·洛克菲勒、加利福尼亚州州长罗纳德·里根、密歇根州众议员杰拉尔德·福特，但尼克松似乎对他们都不感兴趣。一开始，他的注意力便在别的人身上，其中就包括刚刚崭露头角，还名不见经传的马里兰州州长斯皮罗·T. 阿格纽。我记得，当时在场的所有人都没有提到过阿格纽。我有一种感觉，尼克松好像很希望自己的这个选择能“震惊”媒体甚至全国。我记得，当时众人也没有就阿格纽展开什么讨论，比如假如真的选他，他会有什么样的表现？结果，副总统阿格纽因被控受贿和逃税引咎辞职。但在此之前，他也从未展现过任何令人印象深刻的领导才能。至少在我看来，就算有，也是不合法的。

> 政治跟人密不可分！若执政者无能，再好的理念也没用。
>
> ——埃德·福伊尔纳博士

约翰逊和阿格纽虽然被选中，但都跟“最佳”沾不上边。肯尼迪和尼克松认为，要获得短期政治利益，最好的办法就是选择他们那样的人，而不是选个有可能取代自己的候选人。幸好尼克松在阿格纽下台之前就被迫辞职，否则，椭圆形办公室就要出个恶棍了。指望一名总统候选人选择一个有能力成为总统的人，的确是很不切实际的。一次又一次的事实证明，两党候选人选出的竞选伙伴最后酿成大错的不在少数。一个有着三亿多人口的国家在某一特定时期内，肯定至少有一小部分人既能在政治上成为总统候选人的强大助力，自身也具备成为一位好总统的潜力。如若不然，那就只能求主保佑了。

这种失误不只发生在总统选举中，很多公司和组织都选过没有领导能力的高级主管和继任者。那些人忘了作为领导最重要的一项素质。比如，要是一名足球教练把最关键的部署交给别人来做，那这个球队必输无疑。

成员是一个组织能否成功的关键。

实现成功领导和管理的秘诀就是选对人，这早已是个众所周知的秘密，“人事即政治”这句脍炙人口的话已经形象地说明了这一点。对领导力影响最大的因素就是人为因素。事实上，我敢说，亲自挑选自己的下属是领导者们最该优先考虑的事。

领导者的任务在于：选出那些理解并拥护自己战略目标的人。这些人要能将目标具体化，能将其在各个层面推广实施，甚至必要时还能挑战上级，以期获得更好的结果。本课收集的这些规则便将就这一点提出些许建议。

勇于做出艰难抉择。

我的第一个行政职位是经济机会办公室主任。这个大型政府机构成立于二十世纪六十年代，是林登·约翰逊“向贫困宣战”计划的一部分。当时，我管理着成千上万的人，还负责了一笔庞大的预算。时值一九六九年，经济机会办公室争议不断。它迅速扩大，成了凌驾于政府中其他机构之上的官僚组织。这也是众多共和党人和我对它投了反对票的原因之一——投资了数亿美元，却收效甚微。所以说，它实在是没有尽职尽责。

我意识到联邦政府并不能消除贫困，但我认为：只要选对人，就不仅能让该组织再次集中精力完成使命，还能让它变得更有效率。我亟须完成的事是结束失败的项目，巩固成功的项目，然后再将这些项目分门别类，下发到国会相应的部门。

一位初来乍到的领导，最常考虑的问题就是：是保留前任留下的领导班子，还是重新组建属于自己的团队？我全面审查了一番之后，发现目前维持经济机会办公室正常运转的关键人物就是八位区域主管。不仅该机构实施的每项计划都出自他们之手，国会乃至全国人民会对该机构产生何种印象，他们也起到了举足轻重的作用。

于是，我面临着一个艰难的抉择。我把这八位区域主管叫到办公室，说了这样一番话："选举刚刚结束。我毫不怀疑，你们正一丝不苟地贯彻着约翰逊总统的方针，并且都干得非常出色。他曾经是总统，而服从他的命令也的确是你们的职责。不过，现在当政的是尼克松总统。相信你们在总统选举中已经获悉，对于这个机构，他有着截然不同的看法。他有意改变这个机构的方向。"我描述了即将实施的策略，然后发现这八个人都将失去现有的职位。至少，在我看来，情况的确会如此发展。真不知道他们如何才能快速适应这一突变。

没人愿意听到新上司已不再需要自己的话，但在这件事上，事实的确如此。他们中的大多数人似乎也意识到了这一点。一方面，我想方设法把他们重新指派到了机构里的其他职位上；另一方面，我为这些关键职位招募到了跟新总统政见合一的新成员。在接下来的一年半里，经济机会办公室不再是一个故步自封、激起众怒的官僚组织，而成了一个实验室，施行各种旨在增加美国就业机会的实验和创新项目。

一九七四年，尼克松辞职之后，杰拉尔德·福特采取了一种截然不同的方式，处理了人事问题。他对尼克松内阁成员和所有在职的白宫工作人员说，他们的职位不会发生任何改变。相较变革，他选择了维持现状。这种做法是错误的——当时我就这么跟他说了。我坚信，福特应该组建自己的团队，以便向众人表明：这是他的政府，而非尼克松的。但他不愿意对那些忠于职守的人说出他们不得不离职的话。很久以后，他才决定要做出一些改变。遗憾的是，那些迟到的变动给人留下的印象是：他对那些离职的人不满意。如果一开始就进行变动，便不会给人造成这样的印象。作为新总统，福特完全有理由组建自己的团队。

有时候，有效的管理需要强硬的手段。常有人引用得克萨斯州前州长约翰·康纳利说过的一句话："就算得罪人，该做的事还是要做。"加入一个组织后，我的建议是：**即便整个过程令人不悦，你也要成立自己的团队，并且要速战速决**。任何重新委派事宜都要尽快完成，尽早完成这项任务，将大有裨益。不仅你会从中获益，那些离职的人也会明白，自己并非因表现不佳而离开；而那些继续留在你团队里的人，则会高兴地认识到他们是你的新团队中的一员。

每年都删减业务、产品、活动和人员。

遵循前例、有样学样是人之常情。然而，最好不要放任自流，尤其是在涉及人事问题时。

二〇〇一年，我重回五角大楼时，发现一个身穿制服、精神抖擞的年轻人在我办公室外站岗。显然，他的任务是持枪守卫我的办公室。天哪，我心想，他应该去做更重要的事，而不是守卫全球最安全建筑物里的一间办公室。如果国防部长在五角大楼里都不安全，那国家就真的麻烦了。于是，我下令将他调去了更有意义的岗位。

大型的官僚机构一直都有种趋势：只要一个职位即将开放，机构就会自动招募人员来补充。无疑，雇的人越多，花费就越高；而且，你、你的员工与顾客之间的距离也就越大。明智的管理者会停下来，吸一口气，认真考虑那个位置是否还需要人。换句话说，精明的管理者会定期做删减。

不要自动填充空缺职位。当一个尽心尽力在该职位上做了五十年的职员离职时，稍微等一等，静观其变。也许，你会发现他的工作公司里已有别的人在做，或者公司已经不再需要进行那样的工作。

一流的人雇用一流的人，二流的人雇用三流的人。

从一位管理者或领导组建的团队成员身上，你便可以看出其水平高低。因为，不论是哪种类型的团队，都有其存在的原因。高效的管理者，即一流的管理者，往往容易吸引一流的员工，即将会带来表现卓越的顶尖人才。相比之下，二流的管理者则会雇用三流的员工，甚至一些更为平庸无能的人。原因之一便是：他们不喜欢雇用可能会超越自己的人。于是，他们往往会招募和挽留一些不会威胁自己职位的人。有句老话叫“跟着钱走！”，放在这里，意思就是说要跟着一流的人走。如果你想要分辨哪些管理者是一流的，哪些是二流的，那就要认真观察他们所在的团队。

填补空缺职位时，寻找一流的人并不是件容易的事。最好能够展开积极的搜索。如果你静待那份完美的简历出现在你的办公桌上，那你便已经落于人后了。有前瞻性的领导者，往往在一个重要职位需要填补之前，就已经在脑海里拟订了替补的名单。**寻找人才的首选之地，就是你自己的团队。**内部提升可以给现任和未来的员工传递积极的信息，让他们知道：跟着团队成长是有价值的，是能被赏识并得到奖励的。即使你从内部物色到了几个一流的候选人，也仍然有必要到外面找一找。哪怕只是让外面的某位杰出人才知道这回事儿，或了解一下具有竞争力的薪酬是多少，也值得一试。

比如，你的公司正在招募一位财务总监。因为仔细聆听过众人的意见，所以你或许已经知道，业内最优秀的财务总监是顶点集团的萨莉·史密斯。那么，给萨莉·史密斯打电话，了解她的现状，或许就是我要做的第一件事。也许，她并不打算离开目前的职位，但打个确认电话也无妨。而且，她极有可能认识一些业内非常不错的财务总监。那些人可能就是她亲自调教出来的，也可能是她关注已久的。如果你给足够多的顶级财务总监打电话，征求他们的推荐，那你极有可能发现有一两个名字会反复出现，这些人就是你需要邀请来会面的候选人。而真正的工作，也会就此展开。

简历不能晦涩难懂。

多年来，我看过数百份简历，所以，让我来给你一些无法从职业咨询师那儿学到的建议吧。首先，制作简历时，不要单纯模仿他人的简历模板，而是要好好思考自己想要传达的内容。正如塞缪尔·约翰逊所说：“拙劣的敷衍之作，是无法为读者带来阅读乐趣的。”

其次，思考简历的目的：与大多数人理解的不同，**简历并不只是为了让你得到一份工作，而是旨在让你进入下一轮。**它要让你脱颖而出，让招聘人员或雇主觉得，他们值得花时间来面试你。

这里有一些人——职业咨询师、就业咨询专家，有时甚至是父母——他们或许用意是好的，但没能强调精确用词在职位申请或简历中的重要性。最近，一个经验丰富的男人给我看了他的简历。他在军队中表现得十分出色，但他的简历给人一种“他是参谋长联席会议主席”的错觉。我的意思是说，他的简历异常丰富，不是“主持”了这个项目，就是“开创”了那个项目。一名老练的雇主立刻就能看出其中的浮夸成分，并对此嗤之以鼻。

二十九岁竞选国会议员时，我和《芝加哥太阳时报》的编辑见了面，满心希望能得到他的支持。他问了我一连串问题。我不得不迅速回答，并尽可能详细地向他描述我目前所处的形势：我是谁？我已经跟哪些人谈过？哪些人支持我？哪些人反对我？我的策略是什么？我的优势何在？弱势又在哪里？结果，我刚离开他的办公室，那位挑剔的编辑就立刻去核实了之前我告诉他的一切。

此外，在那场国会竞选中的筹款活动上，我得到了芝加哥著名商业领袖小阿瑟·C. 尼尔森的引荐。他告诉在场听众，说我曾是美国海军战斗机飞行员。虽然我的确曾是海军飞行员，但从没当过战斗机飞行员。轮到我起身讲话时，我便陷入了两难中。我可以不纠正这个无伤大雅的小错误，从而避免我这位朋友兼支持者的尴尬境地；但另一方面，我又不希望其他人对我的背景有错误的理解。因此，我暗中咬咬牙，非常礼貌地纠正了他的发言。我微笑着说，我当然希望自己是一名战斗机飞行员，事实上我只是一名飞行教官。毫无疑问，如果不纠正类似错误，不管是政治上的事业，还是其他领域中的事业，都有可能毁在它们手中。

谈到制作简历，就我个人而言，我比较喜欢用一页纸就罗列完所有信息的简历。若有必要，可以多附几页，但第一页必须吸引眼球。最后一次修改简历时，我还希望你能做到日期分明，因为这么做可以确保简历的准确性和时效性。

申请者们若是不想让潜在的雇主们只扫一眼就把自己的简历扔到一边，那就要避免行话。在国防部待过的人都有爱用首字母缩略词的臭名声。在五角大楼时，我经常会遇到这类简历：除非跟此人有相同经历，否则你绝对猜不透诸如JCS、PA&E/ATL、CFLCC、P–DASD、DARPA、JIEDDO、BNONA之类词的含义。我在两个世纪，两次出任国防部长，但我仍然不知道那些词是什么意思。

要知道一个人能力如何，管理人员或许只能通过会面、谈话、提问，认真听对方的回答和对方提出的问题来判定。面试是你找到合适候选人的机会。所以，全面考察一下他们吧。你也能由此判定，自己是否愿意天天跟对方共处八到十个小时。有时，**即便是最出色的人——他的简历可能比你的手臂还要长——也可能不是最适合的人。**对于雇主和求职者来说，尽早明白这一点非常重要。

迪克·切尼总打趣他跟我之间的第一次面试。那是一九六八年，我正处于国会的第四个任期中，而当时的他则是个想在国会觅得一个实习机会的研究生。我完全不记得我们之间的会面，不过他说他记得。然而，当他把那次经历称为人生中“最差劲的一次面试”时，我的确停下来仔细回想了一番。当时，我想找个有法学背景的人，而他只是个初出茅庐的大学生。对我而言，他并不是最佳人选，或许我也以自己一贯的处事方式让他了解了这一点。巧的是，几个月后，我从国会辞职，转入行政部门，首先做的事之一就是让切尼来为我效力。我们俩几十年的友谊，也由此开始。

通常来说，面试刚开始时，我都会就简历上的内容向申请者们提问，这么做也是完全合乎逻辑的。我会努力寻找一些与众不同的亮点，问一些他们简历上没有显现出来的内容。闲暇之余他们喜欢做什么？他们会阅读哪类书籍？我还会问他们的家庭情况。从这些问题的答案中，你不仅可以看出此人能否较好地融入你的组织，也能获得一些简历之外的信息。我会关注的一点是：工作之余，这位申请者会做什么。我偏好那些业余生活丰富的人，比如有个有趣的爱好或熟练掌握某门外语等。

我第一份文职工作的面试官是国会议员戴维·丹尼森。和我一样，他也是名摔跤手；而他的哥哥和我一样，既是海军飞行员，又是飞行教官。这真是太棒了。没错，雇主们有各自的喜好，甚至偏见。就我个人而言，我偏好当过鹰级童子军[①]、当过兵、喜欢运动或阅读的人。从军经历尤其具有说服力。我可以由此看出这是个有自愿精神的人，而且在私人公司中，此人也极有可能比很多同龄人更早地接受并承担起重大责任。

我也喜欢积极向上并对某事满腔热忱的人。我见过某些走进办公室的求职者，脸阴沉得就跟他们的猫刚死了似的。谁愿意成天跟这种破坏气氛的人待在一起？对于那些即将参加面试的人，我的忠告就是：**微笑**！**打起精神来**！**一定要表现得有活力**！

多年前，有天在晚餐桌上，我女儿马西注意到，我和我妻子中的一个人心情不太好。那真是件微不足道的小事，我甚至都不记得到底是什么事。然而，它却在马西心中留下了一层阴影。当时只有七岁的她说：“一定要每个人都开心，这天才是开心的。”也许因为这是我女儿说出来的话吧，我常常发现，她的话总是意味深长。如果一个人的情绪和其他人不同步，那么其他人便会受到影响。如果有两个资质相当的人站在我面前，其中一个有幽默感、精神焕发、积极乐观，毫无疑问，我肯定会选择这个人。我敢打赌，大多数管理者的选择也一定跟我一样。

个人所经历的挑战和磨难能让你详细了解一个人。我发现，那些曾历经磨难，以自己的方式努力升到要职的人，不仅工作起来往往更加努力，也比那些一帆风顺的人更愿意处理棘手问题。

除迪克·切尼外，我在经济机会办公室雇用的另外一个助手是个名叫罗恩·詹姆斯的年轻人。詹姆斯生于艾奥瓦州，跟祖母在伊利诺伊州的埃文斯顿长大。他加入军队，成了一名伞兵。退役后，他到我位于华盛顿的国会办公室来求职。看得出，他是个有上进心且渴望成功的年轻人。这些品质助他节节高升，他最终当上了助理陆军部长。

我承认，我喜欢那些能提出深刻问题的人。有些人提出的问题，其实只需

① 童子军的最高等级，在美国，加入童子军的青少年中，仅有4%的人能成为鹰军。——译者注

浏览一下该组织的网站，就能找到答案。对于这样的人，我是没什么耐心的。下面这个问题，可供求职者们参考：你想在这份工作中得到什么？该问题的答案可以帮助一个人更好地了解他/她是否适合进入这个组织。

很多人都有检查并改进事物的能力，但只有极少数人能确定遗漏了什么。

在一个可能成为同事的人身上，我发现了一种罕见的特质，即有能力判断出遗漏了什么。挑毛病和找到修正之法都不算太难的事。提出别人根本没有想到的新点子，或彻底改变人们看待某件事的方式，难度要比前者大得多。

计算机行业里的很多公司都卖手机，但让手机变得跟电脑一样，具备上网和收发邮件等主要功能，需要一点儿独到的眼光和决策力。在政府中，拥有各自顾问团的总统们做出的更改对华或对苏政策的决定，也是各不相同的。

一九九九年，我任美国弹道导弹威胁评估委员会主席期间，一个具有深远意义的想法在讨论中诞生。我甚至无法确定这点子是谁想出来的——不过，要是没有把这些想法各异的人聚在一起，就肯定不会有此成果。这个概念叫“未知的未知”。在情报界，或几乎其他任何类似的情况中，总会有让你吃惊的事。比如，我们就不太了解中国部署弹道导弹的速度到底有多快。然而，更让你措手不及的，是你根本就没意识到的那些未知。我再次担任国防部长后，“意外”——“各种意外”——这个概念对我影响颇深。至少，它让我在面对“9·11”袭击以及处理善后工作时，或多或少地做好了一定准备。要是我没有跟这些思维各异的人共事，就不可能事先有所准备，因为正是这些人弥补了你遗漏的部分。

危害最大的领导是那些自以为是，实则大错特错的人。——玛格丽特·撒切尔

一九七七年，我离开了国防部。在西尔列制药公司，一些股东质疑我是否真能领导公司。他们的担心是可以理解的，因为到那时为止，我的确没有任何商业管理经验，也从未涉足过制药业。不过，我不仅深刻意识到了现状，也明白自己别无选择，只能依赖一支由一流生化学家、技术专家和一名强有力的研发部领导组成的团队。

我没有法律学位，所以我也意识到，自己需要一名实力强悍的法律顾问。西尔列制药公司的分公司遍布世界各地，他必须能确保我们所有的决定和活动都是符合各国法律规定的。作为一位即将就任的执行总裁，我需要一个既能助我发展公司，又能弥补我的不足的团队。如果我不能一开始就确保占据公司各个关键岗位的都是一流人才，那公司就真的麻烦了。幸运的是，我最先做的几件事中就包括：吸纳资深律师约翰·罗布森和金融专家吉姆·丹尼。我们三人齐心协力，逐渐组成了有利于公司及众多股东的一流管理团队。

一九七六年，佐治亚州州长吉米·卡特刚从总统大选中胜出几周，就在我面前上演了一场信任危机。当时，我是正准备离职的国防部长，而即将就职的总统则想跟我讨论一下国防部。他问了很多问题，其中一个让我十分惊讶。他想知道总统如何才能顺利地完成交接。

一个美国海军学院的毕业生竟问出这样的问题，实在有些匪夷所思。不过，我还是向他解释了一遍流程：首先由总统给国防部长下命令，接着后者会把该命令逐级下传。然而，卡特继续逼问道："你怎么知道命令被

一级一级传下去了？”尽管他曾经在海军服役，但似乎仍对这个系统缺乏信任。

我记得当时我是这样回应的：“州长先生，你在国防部下达的命令，根本无须考虑执行问题。”在行政机构中，或许有些部门不能迅速回应总统下达的指令，但在五角大楼绝对不会发生类似情况。接着，我又补充了一句：“跟国防部打交道，你唯一需要冒的风险或许就是对自己刚刚下达的某项指令感到后悔。”

一个领导，必须能倚赖自己团队中专家的意见，以及成员们做出的判断和回应。而实现这一切，需要的是信任。

人才能打中其他人打不中的靶子，天才能打中其他人看不见的靶子。——阿瑟·叔本华

近几十年来，“多样性”一词已经颇具贬义。很多时候，该词几乎都等同于“象征主义”，即“为了多样而多样”。然而，真正的多样性在于一个组织是否能将各种看法、经历、技巧和背景融合起来。对于一个组织来说，如果能做到上述几点，就占据了一个重要优势。除了爱因斯坦或莫扎特这类能凭一己之力创造奇迹的天才，其他大多数人要实现既定目标，都只能选择与他人协作。即便是爱因斯坦，也明白自己的突破是建立在前人基础之上的。为了提醒自己时刻铭记这一点，他在研究室的墙上挂了一幅艾萨克·牛顿的画像。

很多能带来最棒点子的奇思妙想和灵光一闪，都出自会议桌或午餐桌上那些针锋相对的讨论。领导者通常都能从这类讨论中得到灵感，从而想出一些仅凭他自己绝对想不到的点子。

之前，我已经提到过尼克松总统不幸选错了副总统。不过，就他而言，那绝对是个例外。总的来说，尼克松还是很具慧眼的。他招募了很多惊才绝艳的能人。这些人个性迥异，管理方式、个人背景和所持观点也大相径庭。走进总统办公室，你或许会发现才华横溢的亨利·基辛格正在讨论外交政策，诙谐机智的帕特·莫伊尼汉正在探讨劳工市场。或许，你还能见到备受总统尊敬的前民主党党员、咄咄逼人的平民主义者约翰·康纳利正就经济问题，跟理智的乔治·舒尔茨或优雅的阿瑟·伯恩斯辩得不可开交。尼克松不仅不排斥这些精英迸发出的能量和种种针锋相对的点子，还因此受益匪浅。结果，他提出了一些十分有趣，有时甚至颇有争议的现代管理政策。从美国环保署的建立到结束征兵制，从实施工资和物价管控手段到联邦政府给予州政府的分类财政补贴，都是推行这些政策的结果。就连在公立学校开展的教育券实验，也不例外。

上述政策也有助于招揽那些不受特定组织约束，却善于思考，能就众多话题给出中肯意见并展开专业探讨的人。

我在被尼克松总统任命为美国驻北约大使前往布鲁塞尔时，便深刻体会到了这一点。当时，我只能带两名随行人员。其中一名是我多年的助手利昂娜·古德尔，另一名是安纳波利斯被称为“巨作之校”的圣约翰学院院长罗伯特·戈尔德温博士。戈尔德温没有任何从政经历，外交方面更是一张白纸，但他是我见过的思想最深邃、知识最渊博的人。能与他共事，我感到无比荣幸。跟他交谈一番，你定会有茅塞顿开之感。和福特总统重返白宫后，我也再次召回了戈尔德温。他成了总统的首席智囊，经常在白宫日光浴室召集全美最优秀的精英们为总统开展研讨会。他展开的讨论议题广泛，涉及教育、犯罪和饥饿等诸多方面。要是能找到属于你的“罗伯特·戈尔德温”，你定将获益良多。

作为一个与公共事业打了几十年交道的人，我一直都觉得和那些并非时时都与我意见一致的人相处能让我精神振奋、受益良多。我在国会任职时，我的一个朋友——左派反战活动家，后来也供职于国会的阿尔·洛温斯坦便是这样一个人。阿尔是个很幽默的人，虽然我们在很多事的看法上都存在分歧，但仍相处愉快。过去，周日下午，我常和乔伊丝一起，找埃塞尔·肯尼迪[1]和她的朋友们打网球。此外，我也视著名历史学家简·爱德华·史密斯为密友，他编辑修改了我的回忆录的初稿。他会时不时地在页边空白处就我的某些政治观点温和地提出不同意见。

绝对不要雇用你无法开除的人。

无论他们的资质多么出色，也绝对不要哄诱或恳求不合适的人接受某一职位。领导者是绝对不愿意受制于下属的。对雇主、员工或组织来说，这种情况都极为不利。

一名经理觉得自己不得不对某个他想聘用或指派的人许尽诺言，这种情况我已经屡见不鲜。有时，那两人甚至会给人一种角色对调之感——负责招聘的人反过来向正在求职的人推销自己和公司。可是，这种关系几乎不能带来任何成果，而只会导致一种情况：因为情势的改变，许下的一箩筐诺言都变得难以兑现。

> 伟人之墓多不胜数。
>
> ——查尔斯·戴高乐

一名受欢迎的下属提出一些特殊要求，或在做某项决定时要求更多时间，

① 约翰·F. 肯尼迪总统的弟媳。——译者注

是完全可以理解的。但如果一位领导发现自己不得不竭尽全力去满足一名潜在员工的要求，那他最好另请高明吧。从长远来看，他会很高兴自己做了这个决定。

不要认为自己是必不可少或永远正确的。

无论能力多么出众，每位领导者都得明白：自己并非不可或缺。任何人都有可能突然出车祸。如果实权只掌握在一两个人手里，那最高领导便已然是个失败者了。**任何组织的领导者都有责任确保关键职位后继有人。**有一名能干的副手和一个强大的高级领导团队，不仅能让最高领导在工作和生活之间维持一个健康的平衡，还能确保公司不会因为现任领导者的离开而出现群龙无首的局面。史蒂夫·乔布斯在苹果公司花了数年时间，建立起一个能在必要时接替自己工作的团队。乔布斯去世后，一些分析家担心苹果公司的股票会大跌。然而，因为他那个出色的领导团队和一份翔实的交替计划，不仅公司的交接工作得以安然有序地进行，在他去世后的半年里，公司的股价还上涨了60%。所以，要是领导者不为公司未雨绸缪，或许董事会就该早做打算了。

雇错人的责任全在雇主，而非员工。

和很多领导者一样，我的亲身经历也让我明白了一点：糟糕的人事决定会造成极其恶劣的后果。毫无疑问，当出现那种不可避免的情况时，不论它多么令人不快，你的当务之急都是正视并即刻纠正自己的错误。而且你的动作一定要快，千万不能拖延。错误，尤其是人事方面的错误，是不会随着时间的推移而往好的方向发展的。

出任国防部长期间，我犯过的最大错误之一就是让美国陆军在很长一段时间里都没有得到有效的领导。事实证明，问题出在陆军部长身上。前陆军准将汤姆·怀特似乎认为自己的工作是将军队的意愿传达给我，而非将总统和我的意愿传达给军队。简而言之，他完全本末倒置了。在总统努力将美国军队变得更强大、更具行动力时，他几乎没有提供任何助力。而且，当总统和我决定取消一项耗资110亿的“十字军榴弹炮”计划时，怀特部长还跟军中诸人反对我们的决定。要知道，那种口径为155毫米的榴弹炮重达40吨，需要两架大运输机才能运走。这实在让我忍无可忍了。二〇〇三年四月，我把部长叫进我的办公室，在与他简短而严肃地交谈了一番后，我让他递交了辞呈。很快，他便离开了。

现在回想起来，我向总统推荐一个在陆军中当过职业军官的人来担任该职位，真是大错特错。如果你想改变一个根深蒂固的组织，提拔内部人员做该组织的领导者，简直是愚不可及的行为，因为这种人的思维早已固化，很难再从新的角度看待问题，更别提带来什么革新了。所幸的是，我很快便意识到了自己的错误，并迅速纠正了它。

人们被解雇的原因有很多，甚至一些很有能力的人也可能拖累整个团队。还有一些人或许曾经对公司有过贡献，但随着人事或公司环境的变化，他们可能不再具有任何助力。此外，也有一些人从一开始就不能胜任自己的职位。

谁都不愿意失业，但对于领导者来说，解雇一个人同样是个艰难的抉择。有些领导者根本无法做出这样的决定。就连总统有时也会把这个烫手山芋扔给下属。一名优秀的领导者要能够坐下来，面对面地跟下属说明需要变动的缘由。这不仅是一场交流，也是一种尊重。

对员工和他们的家人来说，失业都是个不小的打击。但在现今这个极具流动性，竞争也十分激烈的社会中，这样的事并不少见。有时，让并不适合留下来的人离开，其实是帮了他们。经过这一变故，那些人才能重新评估自己的技能，进而找到更能发挥自己才能的职位。不管那事儿在当时看来多么艰难，他们也定能如愿以偿。

大多数最成功的人都品尝过这种失败的苦涩。亨利·福特破产了五次，才最终建立起以自己名字命名的汽车公司；沃尔特·迪斯尼曾因“缺乏想象力”而被一家报社辞退；阿尔伯特·爱因斯坦曾被学校开除；亚伯拉罕·林肯当选总统前曾是一个失败的商人和一个数度败北的政治候选人。有勇气、有毅力、有决心的人，才能振作精神，重新来过，不断创造新的辉煌。

第四课

战略性思维

“战略”一词是英语中用得最多，误用频率也最高的词之一。在会议桌上，我们总能听见某人说“这事儿我们得先制定战略”或“我们先把战略文件归总一下吧”。此时此刻，虽然与会者们或许根本不知道这个词的确切含义，但他们多半也会坚定地点头附和。

选举年中，我们听到形形色色的政治家谈论他们的各种战略。但那些候选人往往都缺乏一个值得称赞的目标，比如，他们无法就如何“让我们的孩子享受到世界一流的教育”制定出有效的战略方针。我经常在五角大楼听见“战略沟通”之类的时髦术语，但正在进行的讨论跟“战略”关系不大或根本毫无关系。那些名字中带“战略”二字的办公室，我从来都没有搞清楚他们到底在处理什么样的事。我想，估计身处其中的人也是稀里糊涂的吧。“战略”一词含义颇广，不是你声称拥有就真能拥有的。

若顺其自然，你就是在走下坡路。——乔伊丝的父亲L.W. 皮尔逊

战略是一套旨在实现重大目标的行动总方案，是一段通过优化、梳理各项资源，以实现最终目标的过程。因此，策略往往是其中必不可少的元素。这并非一段从此地到彼地般波澜不惊的过程，而是一场需要评估规划、充满了斟酌权衡、耗时耗力的惊险之旅。

有些经理不喜欢花费时间做战略计划，组织也往往倾向于为了当前需求而推迟战略计划。重要之事总是会让位于紧急之事。领导者们总有忙不完的其他事，人们总是把无数宝贵的时间都花在优先解决别人的事而非自己的事上。

回想一下最近几周发生的事。你花了多少时间回复收件箱里的邮件，或参加别人发起的会议？你又花了多少时间在来电中谈论别人的事情？

如果在战略计划中缺乏纪律或投入时间不够，你的组织要么就在外部事件的迫使下做出反应，要么就顺其自然，任由事态按数月甚至数年前就存在的老规矩发展。

> 给你的员工可以检验其决定的指导，否则他们的行为就有可能出乱子。

既缺乏明确目标，又没有达成共识的结果便是：组织中的每个人都可能按自己的意愿行事。如此一来，势必会导致成员间的分歧。成熟的大型组织往往都会抵触来自高层的战略指导，所以，管理层就更有必要明确主次，制定战略目标。

如果你被收件箱牵着鼻子走，那你就是在优先解决他人的事。

在日常工作中，每个小时都可能有不请自来的邮件和电话。所以，你极易迷失在收件箱中，不是忘了自己的主要任务，就是仅留给它们极少的时间。一名领导者应该专注于组织中的事务，而非自己的发件箱。无论承担什么样的管理职位，我每天都会以便笺的形式向员工们提出很多问题，以确保团队正在进行的都是大家一致同意需要优先完成的工作。在五角大楼里，这种便笺被称为“雪花便笺”，因为大楼中的各个办公室都随处可见这种白色纸片。时至今日，我仍会每周发出几十张便笺或信件。此外，我的便笺里也会有些“棘手”文件，用以提醒我记得收取某些人的回信，或提醒他们给我反馈。当然，那些提醒的措辞都是很温柔的。

把发件箱交给他人打理，也不失为一个好办法。遍发便笺可以让下级员工了解高层的方针，并明白自己应该思索什么样的问题。此外，它也能让员工们完成自我组织，从而发挥出更大的作用。**在大型组织中，让各个阶层的员工都清晰地了解高层所想是非常重要的。**

没有目标，便只能随波逐流。——对刘易斯·卡罗尔[①]的阐释

没有战略，就犹如没有地图。如此一来，你便无法让组织中的成员明白怎样实现既定目标。同样，你也没有办法估量进度。简而言之，缺乏战略，你就很可能走向失败。

---

① 英国数学家、作家，著有代表作《爱丽丝漫游奇境记》。——译者注

在我看来，战略分四个步骤。

第一步：设立目标

无论是军队、政府、公司，还是非营利性机构，要发展战略，首先最重要的一步都是设立正确的目标，明确需要优先完成的事项。尽管乔治·C. 马歇尔十分赞赏他手下无数副官的能力，但他要考虑一个更广泛的问题：只有你花费时间和精力想出了正确的目标，接下来的计划才能顺理成章。

> 只要设立了正确的目标，即便是一名副官，也能制定出战略。
>
> ——乔治·C. 马歇尔上将

在制定战略的过程中，为组织明确需要优先完成的事是最困难的环节，因为这个过程涉及在利益冲突中做决定。正如英国前首相托尼·布莱尔曾经说的："领导的艺术在于拒绝，而非同意。"史蒂夫·乔布斯也曾说："人们认为，专注意味着赞同正着手之事。其实不然，专注的含义应该是拒绝其他无数的好点子。"你不可能面面俱到，设立目标就意味着你得决定放弃做什么，这一点跟你决定做什么同样重要。

如果你不知道先做哪三件事，那你就根本没找到需要优先完成的事。

在很多会议上，我都会问高级军官他们需要优先完成什么事。首次面对这样的问题时，他们可能会变得不安。一旦犹豫，那答案便不言自明了。此外，如果他们列出六个或八个"优先事项"，结果就等于毫无优先选项。

> 无所不备，则无所不寡。
>
> ——孙子

你需要将自己的主要目标压缩到三至四个。如果你的优先事项超过这个数量，那你便几乎没有完成它们的可能。

一段时间后，大家都习惯了我的问题。所以，有时我踏上走廊，还未开口询问，就有人微笑着主动向我汇报他们的优先事项。

最好经常问一句“为什么？”。

你若跟年轻人打过交道，便有可能听过他们连珠炮般地向大人们提问，但问题只有一句话：“为什么？”不停地回答此类问题的确很伤神，但对于在战略层面设立目标的领导者们来说，这类问题十分有用。

在西尔列制药公司时，我就做主冻结了分给股东们的股息。为什么呢？我的理由是：这么做可以将更多的钱从股息中转到药品研发上。为什么要这么做呢？因为只有加大研发，我们才有机会开发出新药，才能将公司变为一家长期增长、股价坚挺的公司。股东们为什么会同意呢？因为股票价格上涨也会给他们带来好处。要知道，资本利得税可比股息税低。

成为一家更成功的以研发为基础的制药公司，是西尔列制药公司的战略目标。这个目标的确实现了。在我担任该公司执行总裁的八年里，其股票价格增幅超过500%，年利润则增长了450%。

能够得上“战略”标准的目标，必须得是能产生深远影响，能从根本上影响到组织发展方向的目标。在向一个更广泛的目标迈进时，规模较小的目标或任务可能是重要或有用的，但不一定是具有战略性的。

在商界，一个战略目标有可能会让公司的市场占有率在四年内翻一番。而对一家制药公司来说，一个战略目标或许能在八年内让其成功做到三件事：壮大自身，获得美国食品药品管理局批准，以及向市场投入三种主要的新产品。

对于美国政府的内阁成员来说，战略目标或许能让退伍军人事务部将处理老兵申请的时间缩短到30天。如今，在美国的某些地方，退伍军人事务部处理那些申请的时间竟然长达375天。

有时候，的确有必要设立开放式的目标，但也最好为其制定确切的日期。尽管有时难免超期，但有明确的到期日和中、短期截止日，将有助于人们集中精力，从而更有效地利用时间。

目标也需要切合实际。人们很容易制定出不具有任何实际指导意义的目标，比如“打败敌人”“赢得战争”或“实现成本最小化和收益最大化”。这些结果或许值得期待，但都因为过于模糊的指示而变得难以实现。

有件或许发生在第一次世界大战期间的逸事是这么说的。一位盟军军官问下属如何解决德国U型潜艇击沉商船的问题时，一名军官立刻应道：“长官，可以煮沸洋面！”接着，他又补充了一句：“如此一来，就能将所有潜艇都逼出水面。”然而，在被问及如何才能实现这一点时，他却满嘴官腔地说：“我只是想到了这个点子，具体细节和执行方案还得由您定夺。”

卷入某事比抽身而退容易得多。

“9·11”事件后不久，在美国政府针对阿富汗的“基地”恐怖主义策划军事行动之际，美国当局终于同意就此制定战略目标。至少一开始我们是旨在通过袭击那些已经杀害了将近三千名美国人的激进伊斯兰恐怖组织，以及消除领导着众多“基地”恐怖分子的塔利班政权，来达到保护美国人民的目的。

我记得，在该计划执行之初，不论是在公开场合，还是在私底下，我都不愿意就此发表任何看法，也没兴趣在那个贫瘠荒凉、饱受战乱的内陆国家建立任何美国式民主。美国组建、训练和武装自己的军队，不是用来为阿富汗进行国家建设的。然而，一个有价值的目标，比如这项任务，有可能将我们的军队限制在这个国家，而且阿富汗人民也有可能因为过于依赖美国，而最终将我们的帮助视为一种占领。

久而久之，美国政府渐渐得出了另一个结论。我已经不记得国家安全委员会到底有没有明确召开会议，讨论该计划会产生的结果，以及得耗费多少资金才能保持数量如此庞大的长期驻军。虽然没有做出最后决定，但回想起来，随着时间的推移，结果似乎真的渐渐偏离了预定的轨道。这真是一场典型的“任务蠕变”。十几年后的今天，阿富汗仍有为数不少的美国和北约驻军。

无论是一国之君，还是一个组织的领导者，都应该明白：一旦开始某项极具挑战性的任务，圆满完成任务的压力和动力便会越来越强烈。不过，无所不能的组织是不存在的。认识不到自身的局限性，不仅会打乱既定目标，甚至还会彻底地功亏一篑。

要敢于直面你所见到的一切。

——罗纳德·里根

罗纳德·里根成为美国第四十任总统后不久，对其国家安全顾问理查德·V. 艾伦说的一番话震惊了身边好些外交精英。他说：“我的对苏政策很简单，或许有些人还会认为它过于简单，那便是：我们赢，他们输！”乍听之下，这话既像虚张声势，又像某位资深演员嘴里吐出的广告词。然而，事实上，它是一个雄心勃勃的、崭新的战略目标，一个彻底颠覆了当时西方外交圈主流思想的目标。

听闻此言，那些数年来都致力于跟苏联和解的外交官都尴尬得直摇头。很多左派分子，尤其是经历了卡特政府的那些人，则开始相信美国可以和苏联共存。事实上，里根是第一位确信苏联终将“淹没在历史尘埃中”的美国总统。

里根总统在任期内采取的所有冷战政策，都是为了这个明确的目标。在执政之初的那几年里，他推迟与苏联的谈判，先重振了美国的军事力量。等终于到了跟苏联领导人米哈伊尔·戈尔巴乔夫谈判之时，他已经做好了强势出击的准备。他不仅支持共产主义国家中的反共运动，还设计发布了一个导弹防御系统，并让苏联相信该系统能有效地对抗他们的核武器攻击。

他攻击苏联的方式并非诉诸武力，而是通过大胆而确凿的事实与声明。那些声明被某些批评家嘲笑为“危险而毫无必要的挑衅”。尽管反对声不断，但他的决定仍持续不断地推进着他的中心目标。里根十分清楚地向苏联领导人表明，在他的任期内，美苏关系绝对不会“一如往常”。渐渐的，他的言行不仅在苏联内部引发了信任危机，还大大激励了苏维埃帝国的敌人。

里根强势地彻底改变了美苏关系。他鼓励对方进行经济改革，变得更加开放；他亲眼看见那个本就站不住脚的系统因内部矛盾而土崩瓦解。受尽嘲弄的罗纳德·里根终于成了二十世纪最杰出的战略家之一。

第二步：确定你的关键假设

一八六一年四月，当身陷囹圄的联邦军在萨姆特要塞遭到加农炮围攻时，几乎无人认为，他们的国家将会陷入一场旷日持久的、最终导致六十多万人丧生的大战。亚伯拉罕·林肯总统和他的战时内阁虽然知道南部邦联在集结军队，但他们认为，只要取得一两场决定性的胜利，南方就不会再有多少人公开支持分裂，而叛乱也会随之结束。他们希望，和平谈判能尽早结束内战。

林肯派手下一位不太知名的将军——乌里塞斯·S. 格兰特尽量深入南部邦联领地，挫其锐气。然而，格兰特越深入南方，越觉得林肯总统速战速决的打算恐怕要落空了。他在自己那本令人印象深刻的回忆录中这样写道："夏洛战役之前，我也和其他无数人一样，相信只要获得一场决定性的胜利，叛乱就会即刻结束。"然而，经历了夏洛那场血腥之战后，格兰特写道："要拯救这个国家，除了彻底征服，已经别无他法。"

林肯和他的将军们也由此明了，假设只是对未来的合理预测，它们永远都不可能等同于事实。有些假设最后会变成谬误，这种情况可以理解，也应该是预料中的。之所以称它们为"假设"，就是因为它们并非事实。

如果事实证明某项关键假设是错误的，那整个战略计划都将大大改变。如果你正在打一场不同寻常的仗，那么，采取传统的作战方式很可能让你处于下风。如果你正在参加一场发动选民投票的选举，却认为自己要应付的不过是少数依然踌躇的选民，那你就可能一败涂地。因此，**在制订或执行计划前，仔细思考所有假设至关重要。**

没有言明的假设会给你带来麻烦。

在制订战略计划的过程中，假设阶段是最容易被忽略的。人们总认为假设是与会者们心照不宣的部分。然而，事实往往并非如此。那些没有言明的假设常常会给你带来麻烦。

二〇〇一年，我加入布什政府才几个月，便深刻体会到了假设的重要性。当时，我开始为重大军事行动和世界各地的突发事件复审国家的一些绝密文件。从伊朗入侵邻国，到因国外民间起义而紧急疏散该国境内的美国公民，种种事件都能在那些文件中找到。我要求与国防部的高级军事策划员们会面，并开始复审、熟悉那些已被归档的计划。我要确保它们已经过了深思熟虑，适用于当下情况，并已被整理成适合向总统汇报的形式。

我汇报的第一项计划便是美国要不要在朝鲜战争中援助韩国。毫无疑问，韩国是美国的关键盟友。自二十世纪五十年代起便驻扎在那里的美国军队，随时都可能受到攻击。

该计划的目标十分明确。然而，令我不安的是，我们的作战计划居然没有任何关于关键假设的讨论。我怀疑，如果没有仔细思考、讨论，并就可能出现的军事情况达成一致见解，面对即将开战的朝鲜半岛，我们真的有可能制订出切合实际的作战计划吗？

我要是敌人，会做出何种部署？

——腓特烈大帝

制订韩国计划的策划员们并未从头开始仔细策划，他们忽略了一些诸如敌人会如何行动的小问题。当然，这类假设无法做到十拿九稳，但我们至少应该基于历史和当前的最新情报做出最合理的假设。比如，简报就没有说明朝鲜是否拥有核武器、拥有多少核武器，以及他们是否会对我们使用核武器。不消说，朝鲜的核武器问题一定会大大影响我方做出的任何计划。

此外，还有一些未被讨论到的假设也对计划起着至关重要的作用。比如：二十世纪五十年代早期的朝鲜领导人会向中国寻求支援吗？中国会保持中立吗？日本政府会允许美国空军和海军驻扎在日本境内吗？他们会参与我们的韩国计划吗，还是会表示反对？

真希望韩国计划只是个特例，然而，类似情况我在别处也碰到过。当时，诸如军队人数、后勤保障、潜在目标和可以使用的武器类型等重要细节，策划者和后勤专家们都考虑到了。那些的确都很重要，我也毫不怀疑他们估算的准确性。可我担心的是，那项计划并没有预先处理可能存在的重大变数。当我开始向策划者们提问，并试探性地询问他们为何制订了这样一套行动方案，而非其他部署时，我发现他们显然没有做好讨论那些关键假设的准备。

我终止了会议，建议下周六再继续讨论。届时，我们将会采取不同的做法。军事策划者将基于他们制订的计划，讨论可能出现的所有假设。那个周六的会议持续了数小时，会上没有讨论其他任何计划，我们的议题只有一个——假设。

从此以后，美国国防部的应急计划简报都会以仔细讨论潜在假设为开端。只有当众人都在关键假设上达成一致后，简报才会继续进行。如果有任何异议，简报都会迅速终止。渐渐地，确定假设正式成了制订计划的一部分。随着简报质量的大大提升，做简报的人惹怒国防部长的时候也越来越少了。

在准备可能与萨达姆·侯赛因发生的那场冲突时，我们计划中的重要一环也是确定关键假设。二〇〇三年三月的那场冲突前数月，美国中央司令部、参谋长联席会议和高级文职领导们都检测了那些假设。后来，还是有些假设不出意外地被证明是错误的。预测他人政治决策的假设，则更为困难。比如，我们假设北约盟友土耳其会允许美国军队穿越其国境，抵达伊拉克北部边境。然而，尽管只有几票之差，土耳其国会的投票结果也让我们的如意算盘落了空。

有时，假设也能体现出偏见、过度泛化或情报失误。比如，伊拉克的一些邻国告诉我们，一旦发生入侵事件，我们就要快速行动，否则“阿拉伯街”上的那些抗议便会给他们的政府带来麻烦。事实证明，那个假设是错误的。此外，也有假设认为，伊拉克政府和军队不会采用什么新办法。比如，我们担心，要是巴格达面临沦陷的危险，萨达姆的军队或许会炸毁桥梁，点燃油田，或者像在两伊战争中对付伊朗军队一样施放化学武器。我们会做出最坏的假设，也会盘算相应的解决办法。不过，要是其中一些假设最后并未成真的话，的确是件值得庆幸的事。

假设对私企来说也同样重要。因为在制订商业计划的过程中，诸如怎样规划一项产品，或如何应对商业竞争之类的与未来市场状况有关的假设，都是至关重要的。顾客对某种产品的需求便可能是个关键假设。此时可能出现的情况有两种：要么顾客的这种需求在针对该产品的整体规划期间增加10%，要么就是该产品引领市场五年。尽管这些都是合理假设，但随着产品计划的逐步实施，它们也有可能是错误的，有时，其有效时间甚至会很短。然而，除非先花费时间和精力确定自己的关键假设，否则，随着环境的改变，你几乎不可能知道应该在什么时候大幅度修改自己的商业计划。

第三步：确定最佳行动方案

制订战略计划的第三步，是评估一系列可能帮助你实现目标，并与你的关键假设一致的行动方案。这些行动方案往往并非最吸引你的选择。

对英国和该国新任战时首相来说，一九四〇年六月都是难熬的一个月。很多人都认为英国即将投降。当时，英国军队已经从敦刻尔克撤退，而美国则没有丝毫参战的兴趣。在纳粹军队占领法国的情况下，法国领导人与希特勒签署了停战协议。处在风口浪尖的温斯顿·丘吉尔首相最担心的，就是当时全球第四大海军——法国舰队。法国军舰尽管分散，但主力聚集在地中海阿尔及利亚的凯比尔港。丘吉尔深知，如果那些军舰被编入德国海军，希特勒便很可能在公海上占据主导地位，从而将英国逼入更危险的境地。

面对这个二战中最艰难的决定之一，丘吉尔避无可避。他可以什么都不做，任由法国舰队落入纳粹手中；他可以努力与新维希政府达成一项外交协议，让法国舰队维持中立；他可以要求法国海军向英国投降；如果对方拒绝，他还可以下令皇家海军击沉对方，从而向这个数周前还是英国亲密盟友的国家开战。总之，制定这一行动方案让丘吉尔和他的战时内阁头痛不已。

徒劳地谈判了数周之后，丘吉尔终于在六月二十七日做出了一个大胆的决定。这个决定不仅一举击破了英国即将投降的所有谣言，也杜绝了纳粹德国利用法国舰队孤立并入侵英国的可能。丘吉尔给了法国海军上将们四个选择：

- 将他们的舰队编入皇家海军；
- 裁减船员之后，将舰队开往英国港口；
- 解除武装，将舰队开往法属西印度群岛，或交美国托管；
- 若不愿接受上述任何一项条件，就准备被皇家海军击沉吧。

法国如果不能在三小时内予以答复，他们的舰队便将立刻遭到攻击，沉入地中海。

一九四〇年七月三日下午五点三十分，最后期限一过，英国海军就立刻开了火。七艘法国军舰或被击沉，或遭受了难以弥补的创伤，1,297名法国海军官兵阵亡。当时，丘吉尔曾冷冷地讽刺道："开战以来，这是法国第一次全力以赴。"对丘吉尔来说，采取这样的行动是艰难的；但对英国来说，那是个决定性的时刻。因为在那之前，人们都认为英国群龙无首，必输无疑。

> 需要高层定夺的选择绝不可能简单，而只会是祸福难料、难以抉择的。
>
> ——迪安·艾奇逊[①]

制定任何程度上的大战略——包括真正意义上的重大决定——都有产生负面结果的可能。交由总统裁决的事件，几乎都是有风险或结果可能不尽如人意的。商业领袖们也会遇到类似情况。因为容易的决定肯定早就被下级做出了，只有最棘手的决定才会被送至高层。而且，执行总裁、总统和首相们在就

① 美国国务卿，民主党人，是第二次世界大战后美国外交政策的主要制定者之一。——译者注

某事做出决定时，往往还需要顶住大多数高级顾问的反对。

很多人回顾冷战，都会觉得美国旨在保证欧洲和东亚自由的策略制定得相对容易。他们十分轻松地得出了结论：在长达五十年的冷战中，美国不过花费了数万亿美元，冒了点儿核战的风险，在东亚的两次区域性战争中损失了数万名士兵，再加上两党领导人的坚持不懈，取得了最终的胜利。任何大事——尤其是历史上的大事——都是无法轻易完成的。领导者们经常在面对难题时寻找零风险或无成本的解决方案，但那样的方案很少存在，而且很多先前灵巧的点子最终也会落得个弄巧成拙的结果。

在做出关键决策前，我发现将所有选择罗列出来是个不错的办法。尼克松总统就曾受益于该法，他的国家安全顾问亨利·基辛格很擅长就具体问题提供可能的解决方案，分析每项可能行动的利弊，对每位顾问偏好的方案做出指导并给出相应理由。

> 把所有选择都摆到台面上来。通过逐一甄选它们，便能渐渐厘清竞争中错综复杂的局势。

采用从赫尔曼·卡恩博士那儿学到的一项技能，也能将一系列选择都思考透彻。卡恩博士不仅是建立了赫德森研究所的杰出战略家，也是电影《奇爱博士》主角的原型。他能设计出的方案可是极其广泛的。

对于各种方案，卡恩都有一套巧妙的归纳整理法，我称其为“线上线下分析法”。首先，他会在纸上画一条水平的直线，然后便开始思考全局和潜在的行动方案，琢磨相应的解决办法。他会把看起来更有利的方案放在直线上方，而那些吸引力较小的方案则会被放在直线下方。如此一来，就不会漏掉任何备选方案。通过复审这张完整的清单，卡恩便能在整体上把握所有备选方案，逐一筛选位于直线上方的那些方案，以锁定最佳方案。这种整体把握的方法需要花费时间好好思索，而非快速做出决定。此外，它也可以让你重新考虑那些位于直线下方的方案，帮助你想出某些可能被忽略了的方案。

尽量做到准确无误。

在执行你的战略计划之前，陈述一遍该计划中的关键部分十分有用。花几分钟时间，在不加任何注解的前提下说明你的目标、假设和行动方案。如果你不能清晰连贯地说明这些关键部分，那便意味着你需要继续修正它们。如果其他人无法理解你的计划，那十之八九都是因为你的思虑还不够周全。继续努力吧。

> 如果一项计划很难懂，那它就很有可能是一项并未思虑周详的计划。

在某些时刻和场合中——尤其是外交界——适度的模棱两可是可以存在的，但制订战略计划不在此列。如果你组织中的成员对某项计划的理解各不相同，那他们就不太可能齐心协力地完成你的既定目标。在商场上，模棱两可会造成经济损失；而在战场上，模棱两可则会带来人员伤亡。

第四步：通过指标监测进度

选定行动方案，还远远不到大功告成的地步。优秀的战略家会定期评估他们的计划进行得如何，以及该计划是否需要调整。这一过程包括：检查你的目标，看它们是否还能实现；检查你的那些假设，看它们是否还有效；检验你的行动方案，看它是否还符合你的标准。

监控带来进步。

我相信“指标”，尤其是能体现事物进展情况的关键数字指标。理由很简单：监控带来进步。

计量是个有力的工具。自我监控主要指对心力和动力的监控。我要是想减肥，就会准备一台秤，每天称量。我要是操心一项预算，就会记录每一笔支出，并定期核查，看自己是否存在花销无度的情况。军中的定期检查，起到的也是监控效果。如果一名见习军官在整理床铺这件事上接受了数次操练军士的监督，那经历了一两次检查之后，他的床单肯定平整得能蹦硬币。**计量或检查能使人本能地做出更利于实现既定目标的行动。**

人们，尤其是政府中的人，往往关注付出的努力多于关注得到的结果；关注投入多于关注产出。一般说来，政治家和政府官员们不像商业领袖那样严格遵守绩效标准。因为要是一位执行总裁只会说豪言壮语、许空头承诺的话，那他/她离卷铺盖走人也就不远了。要知道在追求目标的过程中取得了多少进展，计量不失为一个好方法。

{ 你只能得到你检查过的东西，而非你期盼的东西。 }

我在西尔列制药公司打破常规，要求员工定期记录各项指标，并将其发布在公司年报上。这些关键指标既包括销售和研发支出、每股收益利润等数据，也包括通常不会公开的数据。我们通过这些数据，让股东和员工们清楚地了解到公司需要计量和改进的东西。我们都是信守承诺的，并深知人人都想看到公司是否取得进步。除了全力改进，我们别无选择。

这一切并不是说指标就万无一失、永远正确。苏联有这样一个老故事：斯大林给某个鞋厂下达了根本不可能完成的任务，可那个厂居然完成了配额，因为他们做出来的每双鞋都只有一英寸长。这个故事告诉我们：不仅要制定指标，还要制定正确的指标。

要想确定事物的发展方向，就使用“门扉测试法”。

里根政府的教育部长、我的朋友比尔·贝内特向我介绍了一种简单又实用的指标测试法，他称其为“门扉测试法”。他说，把两种选择都呈现在需要做出选择的人面前，才能看出他们偏好哪一种。因为人们都会用行动来表达自己的偏好，所以，不论是人力还是财力，都会流向更适宜的地方。

如果拿掉某种商品的价签，是选择你的产品的顾客更多，还是选择你的对手产品的顾客更多？阿富汗人会回到他们的祖国（美国军队推翻了塔利班政权后的数月里，他们的确返回了故土），还是会流亡他国？估量一下事物发展的方向，就能得出答案了。

举个例子，在同等条件下，如果一位顾客选择了你的对手的产品，而非你的产品，你就需要问自己一个问题：怎样做才能改变那样的结果？如果你们的顾客越来越少，你就需要思考一下：和对手的产品相比，你们的产品在质量方面有哪些不足？怎样做才能扭转局面？只有找出原因，你才有可能想出更好的策略。

> 无法计量之事，也永远无法达成。
>
> ——彼得·德鲁克

“9·11”事件后的数月里，我都在努力寻找在所谓的全球反恐战争中能显示美国政府是否取得进步的指标。二〇〇三年十月，和作战指挥官——那些指导军事行动的四星上将和海军上将——开过一场会之后，我起草了一份备忘录，不无担忧地表示：我们缺乏足够的指标，所以并不知道伊斯兰恐怖分子对我们的威胁是否已经真的减少。我的第一个问题是：“这场全球反恐战争，我们到底是赢了，还是输了？”我得出的结论是：“如今，我们缺乏足够的指标，所以不能确定到底是输是赢。每天，是我们抓捕、击杀或制止的恐怖分子多，还是被征召、训练和部署来对抗我们的原教旨主义者和激进主义者多？”

换句话说，政府采取的反恐战争策略达到预期效果了吗？它真的有效吗？没错，我们都想击败“基地”组织。没错，我们都想赢得全球穆斯林的心。但更困难的是，如何才能利用美国现有的力量制订出能实现这一目标的有效计划，以及什么样的指标才能准确衡量该计划的进展情况。我认为，这不仅是当时的西方世界，也是如今的西方世界需要面临的挑战。

我的备忘录揭示了策略的真谛。制订计划会遇到的主要矛盾便是：任何计划一经实施，就会偏离最初的设定。因为，未知的挑战总是存在的。

第五课

做好迎接未知的准备

二〇〇一年四月，美国国防部开始了一项旨在调查美国国防战略的详细审查。该审查名为《四年防务评估报告》，其结论不仅能指导我们转向二十一世纪的新能源，还能让美国军队对未来的冲突做好准备。

我向布什总统递交了一份备忘录，称我们要是认为自己已经能准确地把握未来，那就大错特错了。这份备忘录源自一位名叫林·韦尔斯的五角大楼官员，它简明扼要地总结了大国关系难以预测的本质。

- 一九〇〇年的世界霸主无疑是英国。如果你是该国的安全政策制定者，那你肯定得提防世仇——法国。
- 一九一〇年，法国会成为你的盟友，而德国才是你的敌人。
- 一九二〇年，你会参加第一次世界大战，并取得最终的胜利。之后，你将卷入一场海军军备竞赛，与昔日的盟友——美国和日本成为竞争对手。

- 一九三〇年，《限制和削减海军军备条约》生效，大萧条时期来临，国防计划标准为“争取十年内没有战争”。
- 九年后，第二次世界大战爆发。
- 一九五〇年，英国已失去世界霸主地位。原子时代渐露端倪，“警察行动”[①]在朝鲜悄然展开。
- 十年后的政治焦点变成了“导弹差距”。战略样式也从大规模报复战略转向了灵活反应战略。此外，越南在当时还不为人知。
- 一九七〇年，我们在越南的行动渐近尾声，与苏联的关系开始缓和。此外，在海湾地区，伊朗国王开始接受我们的庇护。
- 一九八〇年，苏联入侵阿富汗，伊朗爆发伊斯兰革命。关于美国“无效武装”和“脆弱之窗”的言论甚嚣尘上。此时，美国已成为有史以来最大的债权国。
- 一九九〇年，苏联还有一年就将解体。而即将实施“沙漠风暴”计划的美国，则在不遗余力地摘掉“无效武装”的帽子。这时候，美国又成为有史以来最大的债务国。此时，几乎没人听说过互联网。
- 十年后，华沙成为北约一个成员国的首都。非对称威胁超越了地理界限，信息、生物技术、机器人技术、纳米技术和高密度能源方面的同时革新预示着改变几乎超越了各种预测。
- 综上所述，我无法确定二〇一〇年会变成什么样，但我能肯定，它一定与我们的期望相去甚远。所以，我们应该制订相应的计划。[②]

善于识别和预测重要趋势的领导与他们的竞争对手相比，无疑占据着明显

① 一九五〇年六月二十五日，朝鲜战争爆发。美国和其他十五个国家组成了“联合国军”，入侵朝鲜。美国总统哈里·S. 杜鲁门称这种军事行为为“警察行动”。——译者注

② 唐纳德·拉姆斯菲尔德呈交乔治·W. 布什总统，“预测未来”，二〇〇一年四月十二日。参见www.rumsfeld.com。——作者注

优势。虽然我们大多数人都没有这种能力，但还是尽量找到并留住一个能成功预测未来的人吧。此外，一个同样重要但较为隐秘的技能是：睿智而谦逊地承认我们的预测能力有限。

这并不是说计划就毫无必要。尽管计划总是赶不上变化，但构思计划的过程能迫使你仔细思考各种突发事件，从而让你真正具备临场应变的能力。良好的计划能带来不俗的临场发挥。当然，计划是允许出错的。这一点不论是在公司董事会，还是在军队总部，都同样适用。

计划不重要，关键在于制订计划的过程。——德怀特 · D. 艾森豪威尔

上一课讨论了一个组织或一家公司在制定策略时的关键因素，这一课将会着重讨论如何才能使你的策略适应那些不可避免的、能彻底改变你原有计划的变数。

一旦开始应敌，任何计划都会不可避免地发生改变。——赫尔穆特·冯·毛奇（老毛奇）

因为一项成功的策略要实现既定目标需要花费时间，所以，即便在遭遇挫折或不受欢迎时也不改初衷的情况就时有发生了。同时，优秀的领导者深知随机应变，绝不能故步自封的重要性。

事实是：有攻便有守。而且，你的对手都不是没脑子的人。他们会观察你的行动，调整自己的行动。由此一来，那些最初合理的目标、曾经有效的假设和昔日受到青睐的行动方案，都有可能在未来变得一无是处。

滑铁卢之战前夜，有人问威灵顿公爵打算如何击败拿破仑的军队。公爵说：“如果你想知道我的计划，那就必须先告诉我波拿巴打算怎么做。”这种说法反对的并非计划本身，而是“认为像战争这般复杂的事也可以预先计划”的想法。威灵顿知道敌人肯定会有他们的计划，也知道尽管他不能掌控命运，但能以自己的方式做好迎接突发事件的准备。在接下来的数日里，拿破仑的军队在滑铁卢节节退败。最终，这位法国皇帝投降后被流放。

> 这项策略在改变之前，都能代表我方政策。
>
> ——马林·菲茨沃特[①]

知道应该何时改变计划并非易事。那些预示调整的信号或许会十分微妙或模糊。敏锐的领导者之所以能适时调整行动方案，全都是因为他们能及早地发现重要指示，并赶在他人之前看出事物未来的发展趋势。**有战略思维的领导都**

① 罗纳德·里根和乔治·沃克·布什（老布什）两位总统的新闻发言人。——译者注

是善于观察而不会拘泥于琐事的优秀观察者。

亨利·基辛格是这样形容安瓦尔·萨达特的："不要过分拘泥于细节。平庸的领导认为掌控就是凡事亲力亲为，殊不知这种做法只会让自己被琐事淹没。"这位埃及总统是让我印象最深刻的几位领导人之一。一九七〇年，在其前任贾迈勒·阿卜杜勒·纳赛尔将军的葬礼上，我们有了第一次交流。美国情报分析员认为他就是个二流领导，根本不可能最终当选埃及下一任总统。事实证明，这个假设大错特错。

一九七七年，去了趟耶路撒冷后，萨达特不仅彻底改变了中东局势，还在数月后与以色列达成了持久和平的协议。七年前，他便开始考虑一些大胆的举措，这一点在他对我们代表团说出的一些话中便可见端倪。尽管当时埃及已经坚守在苏联阵营十几年，他仍然声称"只要美国不支持以色列，便不会跟美国产生矛盾"。萨达特将作为"苏联盟友"和"以色列对手"的埃及转变成了美国的盟友，以及稳定那片动荡之地的"安定之锚"。

> 不能改变自己想法的人，永远都无法改变现实。
>
> ——安瓦尔·萨达特

"9·11"事件后不久，布什政府便开始全面重估美国的反恐战略。就反恐这个目标来看，当时我们是彻底失败了。美国航空公司第77次航班撞上五角大楼，导致184名美国人丧生。我只需要走上几百码，便可以从办公室抵达五角大楼被撞的那个区域。之前的政府都将恐怖袭击归入法律范畴，视为需要在案发之后将凶手逮捕归案的犯罪事件。每当此时，还会召开大陪审团会议，起诉缺席的被告。然而，在大多数情况下，恐怖分子依然逍遥法外，策划着更多袭击。多年来，这种做法并未有效地保护美国人民。世贸中心、五角大楼和宾夕法尼亚州安静的尚克斯维尔附近，共有三千多人丧生。

而且，如今的恐怖分子已经可以不断获得能杀死我们成千上万国民的致命武器。新情况就需要新对策。美国再也不能像以往那样坐以待毙，等到悲剧酿成之后，才试图搜捕恐怖分子，并在民事法庭上审讯他们。布什总统改变了策略，努力寻求抢先一步制止激进的伊斯兰主义者袭击的方法。要做到这一点，美国就需要主动出击，搜寻恐怖分子，破坏他们的网络，捕获或击杀他们的领导人，向支持他们的国家施压，榨干他们的资金，努力对抗激发他们不断招兵买马和积聚钱财的激进思想。我们的政府需要采取新方法，明确“预防为先”这一目标。现在回想起来，新战略似乎是合乎逻辑的。但在布什总统刚刚下定决心之际，它们是与前四届政府的政策大相径庭的。

知之为知之，不知为不知，是知也。——孔子

二〇〇一年，作为国防部长的我深知：我们正面临着一个艰巨的任务。随着冷战的结束，苏联彻底退出历史舞台，美国最直接的军事威胁便不存在了。事实上，我们不得不抵御未知、不确定、无法看见以及无法预料的一切。要做到这一点，我们就不能掉以轻心，而是要不断增强威慑、劝阻和击败那些潜在敌人的能力。此外，我们也需要调整军队，鼓励有头脑的冒险行为和更具创新性的做法。我们需要的国防部不仅要有包容性，还要能提拔积极主动、行事作风更像创新者和风险资本家的人，而非更像官僚主义者的被动之人。

上述想法不仅包括等待威胁出现，更涉及努力发现潜在的威胁。贯彻该想法的一个主要变化是：改变在制订计划的过程中占主导地位五十年的“基于威胁度”之法。在冷战中，该方法的确有效。因为我们知道威胁大多来自苏联，所以能够合理推测他们或许会攻击的地方，比如中欧平原。到了二十一世纪，情况已然改变。因此，我们转而采取“基于能力”之法。该方法将不再那么关

注谁有可能会威胁到我们，或者我们或许会在何处遭受到威胁；它将会更多地关注我们可能会受到怎样的威胁，以及我们需要具备怎样的能力，才能威慑和劝阻潜在的敌人。

我喜欢以窃贼为例，来说明这个观点。你不可能知道谁会闯进你家，或在什么时候闯进你家。你只能知道，他们有可能闯进来。他们可能破窗而入，所以你可以在窗户上安一套带传感器的报警系统；他们可能撬锁，所以你可以在门上加个固定插销；他们也可能在周围伺机而动，所以或许定期巡逻的治安巡逻队能赶跑附近的坏人。当然，养条德国牧羊犬也是不错的选择。

即便存在不确定和信息不完整的情况，领导者们也可以根据经验做出合适的判断。这也意味着我们要向现实妥协，因为未知之事在所难免，结果也不可能完全合乎预期。

学会说“不知道”。

在公开辩论中，肯定的言论总要多过支持这些言论的信息和数据。尽管我常看新闻或体育节目，但偶尔也会碰到民意调查类节目，或转到正有人信心满满地对亿万观众预测未来的财经频道。我的朋友威廉·施奈德博士说“那种人鼠目寸光，从来不知道提高自身”。评论大腕儿们总说这个人会赢得选举，那家公司的股价会上涨，经济要崩溃或经济即将腾飞。这些事“永远”都不会成真，而那些没有预料到的事“总会”变成现实。

多年来，我一直都在慎用“总是”和“从未”这两个词，它们是英语中最危险的两个词。我承认，我有些太固执了，但能百分之百肯定地说某事绝对会发生或绝对不会发生的情况极其少见。用了那些词，你就是在为自己挖陷阱，等着今后被事实推翻。事实不断证明，权威们的话总会出错。领导者们身上却

“从未”——或者，我应该说“几乎从未”——出现过这种情况。

知者不言，言者不知。——老子

在五角大楼的时候，总是不断有记者让我预测阿富汗和伊拉克的战争会打多久，一场战争会花掉多少钱或造成多大伤亡。每次，我都会努力克制不去回答这些问题，但还是有克制不住的时候，而一旦掉入那种陷阱，事后我都会感到后悔。其实，说声“不知道”又有何妨呢?

二十世纪八十年代，美国军方在格林纳达岛取得的胜利让人们相信，美国军队可以在伤亡相对较小的情况下，迅速且巧妙地击败任何国家。一些主张入侵伊拉克的人愚蠢地认为，这场仗就跟跳场“步态舞”般容易。曾经，我的一位密友在朝鲜战争即将结束时死在了战场上；曾经，我也是越南战争期间美国国会的一员。上述经历让我明白：只有极端无知的人才会觉得战争“容易”，结果毫无悬念，持续时间或所耗资金是可以预测的。要知道，任何军事冲突都充满了不确定性。正如德怀特·D. 艾森豪威尔所说：“任何一场战争，其爆发的方式和演变的过程都会令人吃惊。”

战场上最难预料的就是取胜之道。——卡尔·冯·克劳塞维茨

准备入侵伊拉克之前，我和五角大楼的高级军官和文职人员们列出了所有可能出错的情况。后来，那张表被称为“拉姆斯菲尔德恐怖进行曲”。之所以得此名，完全是因为它包括了一系列险恶的可能，比如逊尼派和什叶派宗教团体之间爆发内战，美国军队被困“八到十年”，伊朗或叙利亚参战，或可能找

不到大规模杀伤性武器藏在哪里。[1]所以，我拟定了这张表，以便我们这些国防部和国家安全委员会的人能在布什总统真的发动战争的情况下，提前考虑可能发生的任何不幸后果。

我没有通过写备忘录来预测未来。我知道，自己无法做到那一点。我也没有试图判断任何可能出错的环节。事实上，我写备忘录完全是出于相反的目的，即我们无法预测会发生什么事。

这一点同样适用于商场。公司高层或许都期望一项新产品有大获全胜的迹象。他们可能已经费尽心力地想出了一套营销策略，测试过各种假设，并制定了合理且可以实现的目标。然后，另一家公司带着一项竞争产品突然冒了出来。此外，也有可能出现意料之外的法律挑战。或者，经济可能骤然低迷，导致消费能力大幅下降。即便是最优秀的专家，也可能预料不到这些事。事实上，“专家”往往错得比任何人都多。

想对某事十拿九稳，要么就熟知有关它的一切，要么就对它一无所知。——奥林·米勒

一位名叫菲利普·泰洛克的美国心理学家做了一项研究。他的研究对象是数百名以咨询、评论政经或其他事件为生的人。所有接受测试的人都各有所长，并普遍被认为是各自领域中“最优秀”的。

在二十年的时间里，泰洛克请他们做了八千多项预测。大多数问题都被分成三个场景，每位预测者都要从那三个场景中选出最有可能的一个。这些专家预测了很多事，比如阿尔·戈尔会在总统竞选中大胜乔治·W. 布什，以及魁

---

① 唐纳德·拉姆斯菲尔德，“伊拉克：还有众多需要考虑和应对的潜在问题”，二〇〇二年十月十五日。参见www.rumsfeld.com。——作者注

北克将从加拿大独立。有趣的是，事实证明，“专家”们做出的预测几乎三分之二都是错的。事实上，这项研究表明，那些最有名、最专业、最受重视的专家，预测能力往往不是最好的，而是最差的。任何人掷枚硬币，都有可能比他们做得更好。

> 昨日对未来的憧憬，是失效最快的事。
>
> ——理查德·科利斯

在职期间，我曾面对数百份醒目的图表。它们都是对未来三至五年的预测：一家公司的业绩、一个国家GDP增长的幅度、房地产价值、利率、股票价格或选举结果。和往常一样，身处联邦政府中的我会耐着性子看完所有简报。那些简报都是分析师们的预测，包括苏联的经济规模、越南的叛乱能持续多久，以及萨达姆·侯赛因的化学武器库等多方面内容。看着那些信心满满地陈述自己观点的人，我常常升起这样的念头：不一定！比如，在国家安全委员会的一次简报上，当中央情报局的一位高官就萨达姆的大规模杀伤性武器计划滔滔不绝时，我便写下了一张便笺。这张我保存至今的便笺上写着：“注意——虽然证据确凿，但……依然有可能是错的。”

告诉别人你知道什么，不知道什么，然后再说出你的想法。——科林·鲍威尔上将

一九九九年十一月，拉菲德·艾哈迈德·阿勒万·贾纳比持旅游签证抵达德国。逃离祖国伊拉克后，他向德国情报部门寻求政治庇护。贾纳比称在伊拉克时，自己是一名移动生化武器实验室的化学工程师，并参与了萨达姆·侯赛

因的大规模杀伤性武器计划。美国情报官员得知这一消息后，给了贾纳比一个代号：“曲线球”。

十年后，“曲线球”却否认了之前的说法，称对萨达姆大规模杀伤性武器的那些描述都是不准确的。但他提供的信息中，还是有一部分被收入了中央情报局国家情报评估机构。此外，二〇〇三年一月，国务卿科林·鲍威尔就伊拉克大规模杀伤性武器计划在联合国做出的所谓准确的报告中，也用到了部分上述信息。

> 战争中的很多情报都是相互矛盾甚至错误的，或者可以说，至少大多数都是不确定的。
>
> ——卡尔·冯·克劳塞维茨

鲍威尔在自己的讲述中把“曲线球”后来否认的信息当作了事实来用，并未提醒大家注意这种说法只是“曲线球”的一家之言，也未说明“曲线球”是有撒谎动机的（后来的事实证明，他那么说只是想留在德国），因此他提供的某些信息是自相矛盾的。当情报机构将这一信息逐级上传，最终抵达总统的国家安全委员会时，“曲线球”这些并未充分彻查的信息便引发了很多质疑之声。

> 事实不可能成为情报。
>
> ——中央情报局前局长迈克尔·海登上将

如今，“曲线球”这个名字让反对伊拉克战争的批评者们激动不已。正是因为他在伊拉克大规模杀伤性武器计划上说了谎，美国才发动了战争。事实上，在多国数年来搜集的有关伊拉克大规模杀伤性武器的情报数据中，“曲线球”提供的信息只占其中的一小部分。大部分有关萨达姆武器计划的信息都来自卫星图像、联合国报告，以及萨达姆自己对开发和应用那些大规模杀伤性武器的记录。在对抗伊朗和镇压本国人民的过程中，他都动用过这类武器。不过，“曲线球”提供的信息还是有意义的。

希望我今天说的话还算动听，因为说不定明天我就会后悔。

——莫·尤德尔众议员（亚利桑那州民主党人）

当我忘记自己应该遵守的规则，不慎说错话时，要为此而付出代价是很公平的。伊拉克大规模杀伤性武器那件事便是如此。在一次电视露面中，我的一个回答招致了强烈批评。我说，我们“已经知道”部分萨达姆大规模杀伤性武器库的所在地。之前，我一直都非常谨慎，绝不会做出此类不专业的定论。我能够也应该对媒体说出同样的话：我们已经知道“中央情报局怀疑可能存放着大规模杀伤性武器的地点”。然而，出口的话与我原来的想法相去甚远。这件事揭示了另一条人生规则：覆水难收。我真正想说什么、想表达什么，或者我已经在别处说过什么都不重要，事实是，我在从国防部卸任之前，都无法再摆脱自己所下的那个不专业的定论了。正如一个老笑话所说：“我信守我想说的话。”

一定无权可能是有趣甚至舒心的，一定有权却可能是危险的。

一九五三年，以赛亚·伯林[①]写了一篇名为《刺猬与狐狸》的文章，文中

① 英国哲学家，被认为是二十世纪最杰出的自由思想家。——译者注

描述了两种截然不同的世界观。人们做出任何决定，都是这两种世界观交替作用的结果。这个比喻来自一首古希腊诗歌：“狐狸知道很多事，但刺猬只知道一件大事。”这种说法在野外得到了很好的印证。面对捕食者，狐狸花样百出，知道各种保命手段。相比之下，刺猬就只有一种简单而有效的反应——蜷成一团，高高竖起尖利的长刺。

伯林认为，任何人都可以归入这两种范畴。有些人是刺猬，倾向于用一两个要点说明一个重大问题；有些人是狐狸，遇到难题时，喜欢把所有策略和方法都尝试一遍。像刺猬的人往往是理论家，而像狐狸的人则是实干家。两种人都有各自的优势和缺陷。

理查德·尼克松总统就是名狐狸般的领导者。他思想灵活，可以消化大量信息，耗费大量时间处理众多问题，比如南方学校的种族隔离事件、志愿兵役、确立与中国建交这项不朽的外交政策等。他完全可以适应广泛的议题。不过，他也是个充满矛盾的人，愿意大改策略，以达到既定目标。他算得上美国最激进的反共分子之一，但缓和美苏紧张关系的策略却出自他手。后来，他被指控为仇视少数民族的政客，但乐于在联邦政府建立“平权计划”的也是他。

相比之下，罗纳德·里根总统就更像名刺猬般的领导者。他倾向于强烈的观点，从很大程度上来说，他喜欢以不可动摇的角度看待问题。他尤其信仰自由的力量。他对自由贸易和自由市场的支持，认为个体应该有更多的自主权，以及对抗苏联的决心，都源自他的这一信仰。他坚信，苏联人民渴望自由，并且也应该获得自由。

用商业术语来说，狐狸往往是知识渊博、兴趣广泛、适应性极强的通才；刺猬则倾向于用少数要点说明一个重大问题，然后再设法让事件按他们期望的方式发展。

两种方法各有不足。狐狸有时会聪明反被聪明误——因为太想改变，反而失去了连贯的策略。正如某位剧作家所说：“要说服某人相信称赞他的溢美之词，是易如反掌的事。”以尼克松总统为例，人们认为他能达到如此高度，做成诸如与中国建交这类大事，跟他广泛的兴趣有很大关系。不过，他最后那般惨淡收场，做出试图掩盖非法行为的丑事，也跟他的这一特质脱不了干系。

相比之下，刺猬则可能成为其信念的牺牲品。他们很可能反应迟钝，或不愿适应现实。通才擅长挑战早已盖棺定论的权威说法。因此，在遭遇无法确定之事时，狐狸就比刺猬有优势。

作为领导，你或许需要在上述两种方法中做出选择。此外，你周围那些人偏好的方案也需要你来最终拍板。有时候，最困难的事莫过于自我评价。我在自己的职业生涯中便遇到过这种难题。尤其是当我的领导风格遭到怀疑时，就更是如此了。

无论你更像刺猬，还是更像狐狸，都能在看待世界、面对选择时找到让自己乐观积极的办法。通常来说，领导者们都会努力在两者之间寻求某种平衡。

在各种来源中尽可能丰富地提取信息，便不失为一个好办法。不要完全依赖专家，他们或许会因为一叶障目而无法辨清事物的核心或许已经悄然改变。你也可以向通才们请教，因为他们对全局的把握可能会更好。

> 对于那些从未离开过英国的人来说，你能指望他们有多了解英国呢?
>
> ——拉迪亚德·吉卜林

尝试着吸收自己圈子以外的信息吧。在担任国防部长期间，我是个如饥似渴的书虫。我想尽可能多地掌握各种信息，包括国防部以外的信息。任何组织都有可能产生偏见。狭隘会滋养“小集团思想”，从而导致毫无根据的结论和笃定。

我发现政府中的官员们常常依赖已经分门别类的材料，认为但凡贴上“机密”或“绝密”二字的文件肯定都更重要。有时，战地记者在报上做出的战场分析即便不会比官方报告好，也不会比其更差。要想更清晰地把握事件，媒体公开的资料和数据都是很有用的。

开放思想，不要急于下定论，多寻求额外信息。如果数据或事实与最初的结论相悖，那这个结论就可能是有问题的。或者，这也可能说明你的思维已经过时。尽量不要让你的期望影响你接受和处理信息的过程。要小心那些你认为无可挑剔的数据或事实，因为它们很可能已经受到你个人偏好的影响。

缺乏证据并不等于没有证据，更不等于证据不存在。

看不见某样东西，并不意味着它就不存在。不要因为缺乏直接证据的支持，便轻易放弃一个假设。如果你不确定某物是否存在，并不意味着它不存在，很可能只是你暂时没有发现它而已。开放思想，继续寻找吧。

如果事实证明你的工作假设或预测是错误的，回头检查一下，努力寻找出错的原因。**找出被你遗漏的东西，以及遗漏它们的原因，对增强你的预测能力大有裨益。**

我将自己在二〇一一年出版的回忆录命名为《已知与未知》，因为这个名字正是“不确定性”的要义所在。在二〇〇二年二月十二日的一次新闻发布会上，我在对一个问题的回答中为知识分了类：那些你知道自己已经知道的知识，属于“已知的所知”；那些你知道自己不知道的知识，属于“已知的未知”；还有一些你不知道自己不知道的知识，它们就属于“未知的未知”。

我的这个观点并没有立刻赢得五角大楼记者团的赞赏。午夜喜剧节目和英语教授们对它嗤之以鼻。然后，有趣的事情便发生了。渐渐的，越来越多的开明之士开始赞同我的这番话。科学家们尤其喜欢引用这个概念。一本畅销书检验了“未知的未知”，并称它们为“黑天鹅”，意即它们都是极其罕见、无法预测，只能事后回顾并且影响深远的事。很快，这个概念便开始出现在新闻和专栏文章中。我听说有个说唱乐团甚至出了张同名专辑，不过我还没找到机会听一听。

我要努力做好面对记者和公众的准备。因为不论是在政府，还是在商界，都有些无法预测并很可能让我们大吃一惊的事。

第六课

未知的未知

具备应对突发事件的能力，是优秀领导的标志之一。事实上，在日常生活、商业活动和政府管理中，人们应对突发事件的方式会直接影响事情的成败。虽然突发事件的表现形式多样，但大都让人不太舒服。商场上，数码影像的迅速发展把伊斯曼·柯达公司和宝丽来公司送上了破产法庭。二〇〇八年，房地产市场的崩溃使美国很多大型金融机构濒临破产。我随后了解到，政府中也是意外连连。

一九七二年六月，我在白宫工作，效力于尼克松政府。一个周一的早晨，我在办公室瞥见《华盛顿邮报》上的一则头条：因窃听事件被捕的五人中，包括一名共和党安全顾问。这篇报道出自两位年轻记者——卡尔·伯恩斯坦和鲍勃·伍德沃德之手，开篇第一句话就引起了我的兴趣："周六早晨，有五人因试图窃听美国民主党全国委员会总部被捕，其中一人是尼克松总统竞选连任委员会的受薪安全协调员。"毫无疑问，这个消息真是糟透了。

那天早晨，在罗斯福厅举行的白宫高级成员会议上，这件事迅速成了热门议题。一些官员不以为然，嘲笑它不过是选举年分散人们注意力的噱头，根本不用理会。我怀疑，有人甚至还会以为，那可能是尼克松的政敌为了阻挠他竞选连任故意使的坏。

我不觉得轻松，也不会过分多疑。与会的一名官员事后写了一本关于这件丑闻的书，他援引我的话说："如果哪个浑蛋和这件事有关，不管他是在马路对面的楼里（即尼克松竞选活动总部）还是在这里工作，今天都应该受到严惩。我们最好跟这事儿没关系，否则肯定会被它毁了的。"[①]我不记得这是不是我的原话，不过我当时的确是那么想的。

随着水门丑闻浮出水面，我和大多数尼克松政府的白宫官员都感到非常震惊。十一月，潜入事件发生五个月后，尼克松成功连任。除了马萨诸塞州和哥伦比亚特区，他在每个州都大获全胜。然而，媒体开始紧锣密鼓地披露更多的丑闻细节，报道内容一篇比一篇轰动。

我不知道水门事件是谁指使的，也不知道他有什么目的。我没料到它竟会和总统本人以及他的高级助理们扯上关系，也没料到政府未来两年的大部分时间都耗在了这件事上。更让我意外的是，总统竟会因此而引咎辞职。在美国两百多年的历史中，这还是破天荒头一遭。对尼克松政府里的大多数人来说，这正是对"未知的未知"的最佳诠释。我们不知道自己不知道什么。

无可避免之事永远不会发生，意想不到之事却经常出现。——约翰·梅纳德·凯恩斯

我在部队服过役，在政府里做过公共服务，还经过商。无论在哪里，我都

① 乔纳森·艾特肯，《查尔斯·W. 科尔森：生命的救赎》（*Charles W. Colson：A Life Redeemed*），167页，纽约：双日出版社，二〇〇五年版。——作者注

亲眼见证了很多意想不到的变革性事件：西尔列制药公司偶然发现的阿斯巴甜，让公司股东们发了财；一九八三年，美国海军陆战队驻贝鲁特军营发生爆炸后，我被任命为里根总统的中东特使；当然，“9·11”恐怖袭击事件也是其中之一。

大规模突发性事件会改变人们的行为。事发之前还算得上“常规”或“正常”的事，从那一刻起便会彻底改变。有时，突发事件会导致成功企业破产（如贝尔斯登银行[①]）；有时，会导致伟大文明没落（如特洛伊文明）。在战争中，借助偷袭或快速作战达到的出其不意往往就是制胜的关键。它能均衡敌我力量，最终实现以弱胜强。

让你失败的，往往都是未知之物。

突发事件长期困扰着信仰各异的各国政要。一九七七年十二月三十一日，吉米·卡特当上美国总统还不到一年，而伊朗国王成为国家最高统治者已经有三十七个年头了。这一天，卡特总统偕夫人罗莎琳首次对这个忠实盟友进行了国事访问。德黑兰尼亚瓦兰宫一片欢腾。

卡特举起酒杯，献上了新年祝酒词：“在国王陛下的英明领导下，伊朗就是这片最动荡之地的稳固之洲。可以说，国王陛下已经赢得万千臣民的绝对信任。”然而，仅仅一年出头，伊朗国王便登上了流亡埃及的飞机。成千上万的伊朗人拥上街头抗议游行。这届伊朗国王的政府比卡特总统和美国政府料想的更加脆弱，很快便彻底垮台了。

① 原为美国华尔街第五大投资银行，二〇〇八年因遭遇次贷危机而濒临破产，后被摩根大通收购。——译者注

> 没有发挥应有作用的预警时间是一种浪费，正如失去跑道的飞行员一般。
>
> ——李·巴特勒上将

很多人提起没能找到伊拉克的大规模杀伤性武器，仿佛那是有史以来最严重的情报失察似的。事实上，情报界之前便没人发现伊朗会没落。在伊朗突变前的几个月里，对于任何一位美国中央情报局的分析员来说，只要他读过伊朗的报纸，就那场反对伊朗国王的千人游行提出过问题，或听过当时仍流亡法国的鲁霍拉·霍梅尼的录音，就应该察觉出美国的这个亲密盟友情况不妙。[①]然而，中央情报局已经从伊朗国王的秘密警察组织——萨瓦克收集到了很多情报，却还是错估了伊朗革命前的种种征兆。那些戏剧性事件爆发前六个月，中央情报局给出的结论是：伊朗“不会发生革命，甚至连一点儿革命的征兆都没有”。因此，当革命真正来临时，卡特政府和其他大多数国家都着实吓了一跳。

成功的伪装很难被人发现。

从珍珠港事件到“9·11”恐怖袭击事件，人们逐渐认为这些大错都是由意外或无能造成的。鉴于那两起事件都是情报人员的重大失误，其形成原因便应该远不只上述两种。它们更是“预测失败”的产物。罗伯塔·沃尔斯泰特写了本关于珍珠港袭击事件的书，托马斯·谢林博士为该书作了序，并在这篇

① 罗伯特·L.杰维斯，《为何会出现情报失误：伊朗革命和伊拉克战争得失谈》（*Why Intelligence Fails: Lessons from the Iranian Revolution and Iraq War*），纽约：康奈尔大学出版社，二〇一〇年版。——作者注

短文中分析了如何以及为何发动突袭。在我读过的有关珍珠港事件的所有文章中，他的这篇序言是最出色的一篇。

谢林指出，在大多数情况下，导致突发事件的原因不是政府机构的情报过少，而是过多。那两起袭击事件发生之前都有预警信息。然而，情报机构不是没有捕捉到这些信息，就是没有给予它们足够的重视：日本联合舰队司令山本五十六攻打夏威夷的命令被拦截破译，以及美军在日本一个港口观测到的鱼雷发射演习，都与其真正目标出奇地相似；不论是奥萨马·本·拉登下达的反美教令，还是哈立德·谢赫·穆罕默德未遂的“波金卡计划”（二十世纪九十年代，他曾试图在太平洋上空炸毁十二架载有四千乘客的民航飞机），不是被忽视了，就是没有引起应有的重视。毕竟，在周围成千上万条威胁到美国利益的情报中，它们显得那般微不足道。

> 洞悉了这么多隐情，我们都不相信还有未知的存在。然而，未知就坐在那里，镇静地舔着嘴巴。
>
> ——H.L. 门肯

在这两起袭击事件发生之前，每位情报人员都尽职尽责。几百位经验丰富的情报专家和政策决策者都时刻忧心着大日本帝国和“基地”组织造成的威胁。他们都等着两者在某一刻发动攻击。然而，事实证明，他们料错了。“9·11”事件爆发之际，情报专家们预测“基地”组织会像一九九八年一样袭击美国驻外大使馆，或像二〇〇〇年一样袭击我们停泊在港口的船只。他们认为，恐怖分子不大会用工具刀把美国民航飞机改装成导弹，原因很简单：这种做法“太不常见”。援引谢林在书中对珍珠港事件的描述：“未能引起我们重视的突发事件显得很奇怪，奇怪的事总是不大可能发生，而不大可能发生的事就不需要严肃对待。”[①]

每每出现突发事件，比如经济突然衰退，或突然爆发冲突，人们的自然反应都是立刻质问犯了这个“明显”错误的人是谁。我们的世界本就充满意外，突发事件并非特例，所以，相信领导者无能，比接受这个令人不快的事实容易得多。不幸的是，即使是最睿智的人，也无法预测并避开那些令人不快的意外。即使是资金最雄厚、训练最有素的情报机构，也无法预测所有“未知的未知”。毕竟，正如曾先后效力于肯尼迪总统和约翰逊总统的美国国务卿迪安·腊斯克所说：“当世界上三分之一的人在沉睡时，另外三分之二的人都在谋划着什么。”

世界上唯一值得惊讶的事就是我们还会一直惊讶下去。

要应对“未知的未知”，把形形色色的人聚到一起集思广益不失为一种办法。鉴于突发事件反复出现，我们有必要想想在任何特定的决策阶段可能漏掉什么。这是种很有用的智力训练，能帮助我们彻底想清楚所有假设。

明天一觉醒来，我们会遇到什么意想不到的事？我们关注的危险是什么？就是因为它们似曾相识，所以才危险吗？我们要如何增强预测能力，才能克服“经验匮乏”的弊端，让诸如珍珠港事件和“9·11”事件的成功显得不那么惊人？我们怎样才能更好地预测或至少料到一些“未知的未知”？

即便有些可能性显得遥不可及，只要我们事先想到了一二，当它们真正出现时，我们的第一反应也会截然不同。你该做什么、该如何去做、该花多少时

① 托马斯·谢林为罗伯塔·沃尔斯泰特的《珍珠港：预警与决策》（*Pearl Harbor*：*Warning and Decision*，加利福尼亚州：斯坦福大学出版社，一九六二年版）一书所作序言。——作者注

间去做——战场上，你的这些第一反应可以挽救生命；商场上，则能避免股东的巨大损失。

美国政府每年都会耗费数十亿美元，将突发事件的出现概率降到最低。一项报道称：总的来说，全球271个政府组织和1,931家私人企业有854,000名持有安全检查证的成员，而且这些组织都具备情报工作能力。[①]首先，这样的机构就包括中央情报局、国防情报局、国家情报局、联邦调查局、情报研究局、国家安全局，以及其他一系列情报代理机构和分支机构。

此外，各大公司也会花费数百万美元规避突发事件带来的风险，例如投资石油期货，以抵御石油价格的飙升，或用外汇来抵消国家经济的猛然下滑。打破既定的官僚思维模式，便是领导者的特质。当然，官僚机构需要规章制度、技术支持和工作程序，这些都是大型机构实现高效运转必不可少的因素。然而，若试图用呆板的规矩约束每一个决定，势必会导致领导者只关注熟悉的事物。如此一来，突发事件就必将出现。即便不是立刻出现，将来一旦出现，也定将让人难以做出积极的应对。

这场战争不同于上场战争，也不同于下场战争。——海军作战部长维恩·克拉克上将

满足于现有的计划或路线图，只会导致意想不到的坏结果。规则会过时。法国军官和工程师曾筑起马其诺防线，并认为它坚不可摧。该防线配有地下铁轨、餐厅甚至空调，被认为是军事创新上的一次飞跃。拥护者们相信，有了该防线的保护，德军肯定不能像第一次世界大战时那样攻入法国。他们坚信，这

① 达纳·普里斯特和威廉·阿金，《增长到失控的隐秘世界》，《华盛顿邮报》，A1页，二〇一〇年七月十九日。——作者注

种以前出现过的静态防御战今后也会再次出现。

法国人完全没有想过，德国策划者们根本无意穿越马其诺防线。一九四〇年，纳粹德军的坦克在飞机的伴随下咆哮着向西行去，先后占领了比利时和荷兰，便南下侵入法国，从侧翼包抄了大部分马其诺防线。在希特勒的闪电战下，马其诺防线没有起到半分作用。法国的所有备战都悲惨地拿上一场战争做了蓝本。

不要认为你永远不会做的事，别人也不会去做。

当我们以为敌人或对手的想法跟我们一样，也会在相似情况下选择跟我们一样的处理方式时，往往就会出现突发事件。在情报界，这种思维方式被称为“镜面思维”。在某些情况下，我们的理性、私利和自卫本能并不适用于其他人。如果适用的话，就不会有自杀式炸弹袭击者了。要是如我们所愿，伊朗领导人也不会不顾成千上万伊朗人的生命安全，发动对以色列的报复性打击了。

不战而屈人之兵，善之善者也。——孙子

早在两千五百年前，孙子便在其传世之作《孙子兵法》中提到战争中需要出奇制胜。二〇〇五年，中国外交部副部长戴秉国送给我一本英中对照版的《孙子兵法》。书用木盒盛装，书页是精致的丝绸。盒中还配有手套，供阅读时使用。《孙子兵法》的核心思想是通过出奇制胜来达到兵不血刃的结果，并让敌人毫无还手之力。时至今日，我都还在琢磨：中国领导人的这份礼物到底

是建议，还是警告？还是两者兼而有之？

弱小的力量更容易出其不意。不论是越南，还是伊拉克，美军在对抗当地的游击队暴动和恐怖网络时都发现，敌人既不会受到国会的约束，也不会被大型官僚机构或媒体耽搁。因此，他们要做的任何事都不需要经历漫长的反复审查。不论是发动路边伏击，还是“9·11”那样会引起大规模伤亡的攻击，他们要想出奇制胜，都会相对容易一些。

一九八四年，暗杀英国首相玛格丽特·撒切尔的行动失败后，爱尔兰共和军发表了一项可怕的声明：“我们只需要幸运一次，而你们则需要一直幸运才行。”恐怖分子有出其不意的优势，而他们又往往能极其有效地利用这一优势。

除了独立战争中美国民兵化身游击队员的战术被载入史册之外，美国在军事上实在没有什么出奇制胜的例子。然而，事实并非如此，打击“基地”组织的战斗便是个例外。在阿富汗，伴随着精确的空中力量，美国特种部队和中央情报局官员联合阿富汗北方联盟军，对塔利班军队发动了突袭。骑兵攻击成了最令人难忘的一幕之一。特殊武装小分队像敌人一样采用的游击战效果卓著。

伊拉克战争前夕，为避免爆发战争，美国已经进行了漫长的外交努力，因此失去了战略突袭的机会。要知道，这个机会具备的突然性足以让萨达姆对我方计划一无所知。结果，不论是布什总统的公共外交，还是他即将增兵的举措，都清晰地呈现在了萨达姆面前。不过，美国也希望能借此施压，迫使萨达姆允许联合国核查人员检查他的武器库。然而，美国中央司令部司令汤米·弗兰克斯上将出奇制胜，并未泄露将于何时何地发起怎样的进攻，让萨达姆的将军们一直琢磨不透。美国在土耳其海岸附近部署了一支小分队，无疑让伊拉克人相信联军会从南北同时发起进攻。此外，发动空袭前不久，美国悄悄部署了地面部队，让萨达姆和他的将军们以为这场战争也会像一九九一年的海湾战争一样，先要轰炸数周，地面部队才会进入伊拉克。战争开始后，美国地面部队闪电般地向巴格达推进，大大削弱了伊拉克军队的士气。主战事开始不到三周，萨达姆政府便宣告垮台。

在和伊拉克叛乱分子长期斗争的过程中，斯坦利·麦克里斯特尔上将带领美国联合特种作战司令部出其不意地打击敌人，效果显著。他们追击的“基地”组织成员行动极其敏捷，但麦克里斯特尔的目标是让美国联合特种作战司令部比前者更敏捷。美国联合特种作战司令部内部并无等级之分，下达作战任务不会受到各种繁文缛节或官僚等级制度的制约。不同于等级森严、信息需要逐级上传或下发的组织，他建立了一个信息可以在代理机构和军事单位中自由共享的网络。由于追踪叛乱分子的情报很容易被破坏，他还将中央情报局、国家安全局和美国联合特种作战司令部的分析员都集中到一起工作。如此一来，信息共享的各机构之间便再不会因为争权夺利而出现令人遗憾的失败。到二〇〇六年，最令伊拉克叛乱分子战栗的，非美国联合特种作战司令部的士兵们莫属，他们常常借着夜色捕杀“基地”组织成员。

在麦克里斯特尔的指挥下，这些理念在特种部队日臻完善，成为特种部队一门高雅的艺术。此外，这支世界上最训练有素、装备最精良的特种部队还引进了最先进的技术。美国联合特种作战司令部包括美国陆军游骑兵、绰号“绿色贝雷帽”的美国陆军特种部队、美国空军战斗控制小组和海豹突击队。他们神出鬼没、行动迅速，常常出奇制胜，是全球最高效的军事单位。在伊拉克，他们击杀了“基地”组织头目阿布·穆萨布·扎卡维和其他几十名高级副官。至二〇〇八年，伊拉克的“基地”组织已被基本清除。

一到晚上，美国联合特种作战司令部各部队便在恐怖分子藏身之处汇合，逮捕嫌疑人，制服反抗者，清扫诸如便条、手机和电脑之类的现场证据。随后，这些证据将交由语言专家分析。专家们将建立各种模式，比如谁和谁就什么事件进行了何种交流，他们的藏身之处在哪儿，他们访问了哪些网络，他们的电子邮件地址是什么，等等。用不了几个小时，根据这些截获的信息，美国联合特种作战司令部就能发动另一场突袭。该司令部行动迅速，敌人很难及时做出反应。天亮之前，这种突袭很可能还会发动两次。结果，伊拉克的大部分“基地”组织都被成功瓦解了。

商业上，出其不意也能缩短竞争对手的反应时间。比如，美国西南航空公司对新航线严格保密，直到正式开通的前几天才公之于众。在营销方面，出其不意也同样重要。主要的营销活动往往一触即发，绝不会一点一滴地透露信息，让市场竞争削弱该产品或服务的价值。

多一个人知道机密文件，它被泄露的风险就急速上升。——中央情报局前局长理查德·赫尔姆斯

在全国范围内很难做到出其不意，尤其这还是个民主国家。出其不意的前提是保密，而在当今这个充斥着网络袭击、维基解密、新闻自由的时代里，任何秘密都有可能被公之于众。

在政界，尼克松总统善于保密并成功利用突发事件的例子家喻户晓。一九七〇年，在我即将前往欧洲，就毒品交易问题与盟友们共商对策之际，总统要求跟我私下谈一谈。他希望我找机会告诉罗马尼亚总理，美国总统想接触中国高级官员。他要我通过在巴黎的美国陆军武官弗农·“迪克”·沃尔特斯少将来联系此事。

因此，虽然我没有直接参与这次秘密谈判，但还是提早猜到了将会发生什么。奇怪的是，国务卿比尔·罗杰斯并没有参与其中，这可能也是让总统为难的地方。尼克松担心他的这项提议会激怒美国国务院的外交官，而且，被排除在外的他们也可能阻挠此事。总统显然认为他们会把这项“中国计划”透露给媒体，不仅引来更保守人士的反对，也会给苏联一个从中干预的机会。

比尔·罗杰斯曾担任司法部长，和尼克松在艾森豪威尔政府共事多年。尽管尼克松非常赞赏他，但显然还是认为要是国务院得知罗杰斯向他们隐瞒了这个重要信息，罗杰斯的威信势必会被削弱。结果恰恰相反。被排除在尼克松政府这项最重要的外交行动之外，这位美国最资深的外交官似乎对总统失去了信心。于是，罗杰斯很快便离开了。经过艰难的权衡，尼克松还是迈出了历史性的一步。这一出其不意的事件不仅智胜苏联，也震惊了世界。就连他在新闻界中的一些批评者也深深为之折服。一九七二年，美国赶在所有国内外反对势力之前，历史性地向中国敞开了大门。

陷入困境时，记得转移人们的视线。——阿尔夫·兰登

作为杰拉尔德·福特的白宫办公厅主任，一天，我正在白宫西厢办公室办公，秘书打来电话，说有个叫阿尔夫·兰登的人求见。

“是那位阿尔夫·兰登？”我问。

我的秘书只有二十多岁，所以，她果然不出意外地问道：“谁是阿尔夫·兰登？”

我告诉她，他是堪萨斯州州长，并在一九三六年与富兰克林·D. 罗斯福竞争过总统。身为共和党人的他，曾是美国政界赫赫有名的大人物。

我拿起电话，跟他打起招呼：“州长先生，我是唐纳德·拉姆斯菲尔德，您是想跟福特总统通话吗？”

“不，”他说，“我想跟你谈谈。”

我们即将面临激烈的共和党初选。在这场初选中，福特总统将面临重大挑战——跟加利福尼亚州州长罗纳德·里根竞争。兰登显然一直都在关注党内的这场提名之争。“杰里在巴拿马运河问题上受到了抨击。”他说。兰登指的就

是里根州长。福特总统签署了一项将运河归还巴拿马政府的协议，所以遭到了前者的攻击。在反对这项计划上，里根有句名言："我们掏钱建了它！它是我们的，绝对不能还！"

兰登接着说："你知道泰迪·罗斯福过去常说什么吗？"

"嗯，知道一些。不过，您指的是哪句？"我说。

兰登回答道："泰迪过去常说，'陷入困境时，记得转移人们的视线。'这是杰里需要做的事。你去告诉杰里，他现在有麻烦了，所以需要找件能转移人们视线的事。谴责古巴的菲德尔·卡斯特罗应该不错。"

我估计，他是想让福特去谴责卡斯特罗，并将此事转化为初选的焦点问题。虽然我们最后没有采纳兰登州长的这个建议，但他的确传达了一个重要理念。有时，我们能利用突发事件扭转乾坤，成功转移他人的视线。选民们并不期望看见温文尔雅的福特突然开始疯狂攻击菲德尔·卡斯特罗。毕竟，福特政府在美苏关系这个问题上推行的是缓和政策。不过，总的来说，这件事告诉我们：与其坐以待毙，不如先发制人。

第七课

面对危机

四十七岁时，查尔斯·珀西已是一位白手起家的百万富翁。他从一无所有的境地，凭借努力和智慧逐渐变成了一位成功的商人和社会活动家。作为政客，他嗓音浑厚，堪称完美。前总统艾森豪威尔敦促他竞选公职，并预言总有一天珀西能当选总统。

一九六六年，珀西挑战时任伊利诺伊州参议员——资深民主党人保罗·道格拉斯。在芝加哥大学求学期间，珀西曾是道格拉斯的学生。这场师生之间的大战异常激烈，民意调查的结果也难分胜负。然而，在选举日六周前，发生了一件可怕的事。

一九六六年九月十八日凌晨，珀西的女儿瓦莱丽·珍妮被一个无名凶手捅死在自己的卧室里。她的继母洛兰·珀西听到声响，第一个发现了入侵者和瓦莱丽的尸体。遇害时，这位年轻的姑娘年仅二十一岁。这件案子直到今天都没有破。

案发时，我正跟家人待在芝加哥城外的家中。那天，我父母一大早就赶来我家，告诉了我们这个可怕的消息。那时候，全国各地的电视和广播也开始报道此事。

我曾是珀西手下的国会议员。四年前，我初次竞选国会议员时，身为贝尔豪公司执行总裁的查尔斯·珀西是支持我的杰出商人之一。所以，尽管我们没有多少共同之处，但我还是十分珍视与他的这份友谊。当时，他已经是一家成功企业的掌舵者，而我还未在商界争得一席之地。他很富有，我却囊中羞涩。不过，因为他竞选参议员，而我只是争取在众议院获得连任，所以我们联手合作，并希望能继续在国会共事。

他女儿遇害的消息简直令人肝肠寸断。当时，我们的大女儿刚满十岁，也叫瓦莱丽·珍妮。所以，他的悲痛我们也感同身受。对父母来说，丧子之痛是难以想象的，尤其是凶手还采用了那么残忍的手段。我的第一反应便是穿好衣服，驱车前往珀西位于密歇根湖的家中，看自己是否能帮上什么忙。

那里已是一片混乱。珀西一家无比震惊，但仍在努力应付这件可怕的事。身为一位虔诚的基督徒科学家，珀西正和一名精神顾问待在楼上的一个房间里。屋子里已经挤满了侦查员和各辖区的警察，就连联邦调查局也派了人来。屋外围了一堆记者，电话一直响个不停。我走了进去。在接下来的几天里，我一直待在珀西家，尽力协助他们完成各项调查，应对媒体，努力缓和着这个悲伤的家庭和外部世界的关系。

珀西立即暂停了竞选活动，和家人离开伊利诺伊州，以躲避媒体的关注。等到再次返回时，珀西宣布他将继续这次参议员之争。要知道，他女儿瓦莱丽也是这次竞选的志愿者之一。那年十一月，珀西如愿以偿，继续效力于美国参议院。这一干，便是十八年。

瓦莱丽·珀西谋杀案完全符合我们对“危机”的定义。它意外、突然、可怕，而且它还彻底改变了周围的一切。查尔斯·珀西不得不小心翼翼，努力寻求自己继续为国会效力的欲望与丧女之痛和安抚悲痛家人之间的平衡。

他的政敌——道格拉斯参议员不得不一边考虑如何应对这场令人震惊的悲

剧，一边小心翼翼地对抗那个想取代自己的男人。在竞选中，珀西不仅要应付咄咄逼人的国内外媒体，还要寻求伊利诺伊州民众的支持。当地、本县、本州以及联邦的调查员们都得一边避开彼此，一边在严格的监督下展开调查。然而，他们还是越来越清楚地意识到，他们竟无法破获这件引起了全国关注的谋杀案。记者们只得从传言中猜测真相，琢磨怎样才能在不引起轰动的情况下完成报道。

在这件事上，我只扮演了一个次要角色，但整个过程令人难忘。自始至终，我们所有人都没有得到过任何指示。诸如应该做什么或应该怎么做这样的问题，我们都只能自己琢磨，尽自己最大努力应付好这一意外又混乱的悲剧场面。

在过去几十年里，我目睹过很多领导者在应付各种危机的过程中取得不同程度的成功。一九六二年十月，古巴导弹危机和核战危机的阴云深深地笼罩着美国。当时，我正第一次竞选国会议员，而那位与我竞争的当地民主党人恰好也叫约翰·肯尼迪。

一九七四年，同为北约成员国的希腊和土耳其因为塞浦路斯岛而濒临开战。作为美国驻北约大使，我必须努力调停两国之间的关系。第二年，当越南战争在西贡画上句号之际，我已经开始为福特总统效力。当上乔治·W. 布什的国防部长时，我还是得应付无数危机：比如阿布格莱布监狱虐囚丑闻，以及“9·11”恐怖袭击事件——大爆炸发生时，处在五角大楼另一侧的我清晰地感受到了大楼的震颤。

你放弃的那条路看起来总要更平坦一些。——众议院资深议员邓肯·亨特（加利福尼亚州众议员）

正如没有相似的战争一样，相似的危机也是不存在的。打个比方，宾夕法尼亚州立大学足球队主教练的性虐丑闻，跟英国石油公司漏油事件就大不相同。同理，后者跟当地教堂的金融丑闻显然也八竿子打不着。在不同情况下，人们都需要对迅速涌现的突发事件做出反应。明白不论用意多好，凭借天赋做出的决定都可能导致不完美甚至错误的结果，才是领导力的体现。

一九六二年，理查德·尼克松在当选总统前出版了一本名为《六次危机》的书。从调查当过苏联间谍的美国人阿尔杰·希斯，到被指控在财政上存在违法行为，从而引发他那场全国电视转播的“检讨讲话”，尼克松在书中讲述了自己经历的六次复杂危机。这本书不仅给了读者一窥他如何应对危机的机会，也将他刻画成了一个能有效解决难题的高手。在很多情况下，尼克松的确当得起这一赞誉。然而，几年后，他在水门丑闻中的表现便只能作为危机管理类教科书中的反例了。

那么，在危机管理这个关键问题上，有多少能够传承的知识呢？我想，恐怕并不多。解决了这件事的方法，不一定就适用于另一件事。任何危机都没有显而易见的解决办法，任何在危机下做出的决定几乎都将招致批评或质疑。然而，某些经验之谈还是值得借鉴的。

相信你的本能。

一个人能犯下的最大错误，或许就是认为世间存在能应付所有危机的万全之法。当理查德·尼克松突然史无前例地辞职，杰拉尔德·福特接任总统之位时，或许只有少数人建议福特立刻转身，原谅他这位不光彩的前任。然而，福特比大多数人都更理解尼克松，以及美国在水门事件中遭到了怎样的重创。他确信，我们的国家已经不再需要一场漫长的、针对前总统的“世纪审判”。如今，即便对福特最严厉的批评家，也承认他的这一决定是非常正确的。

数年后，在美国航空公司第77次航班撞上五角大楼的那一刻，我立刻开始思考能完美应对危机的长期计划了吗？没有！生活不是那样进行的。大楼摇晃了几分钟后，我没有坐下来画流程图，详细列举接下来的行动步骤。相反，出于本能，我立刻行动起来，首先寻找事发原因，接着看是否有受伤的人需要帮助……然后，我才开始仔细思考为防止进一步的恐怖袭击我们应该做的事。

向总统提出建议，传递为数不多的信息，搜集最近的情报报告，会见军事领导人，以决定接下来的行动步骤……的确，这些事都需要做，但我们都没有仔细思考的时间。我们必须相信自己的本能。

当然，有时完全依赖本能也会带来不幸的结果。一九六二年，理查德·尼克松竞选加利福尼亚州州长失利。两年后，他又在总统大选中以微弱的差距败给约翰·F. 肯尼迪。失败的痛苦让他在众多记者面前说出了那句著名的无礼之语：“先生们，你们再也见不到尼克松了，因为这将是我参加的最后一次记者招待会。”这是尼克松要面临的一场个人危机，他认为自己的政治生涯已经走到终点。他觉得沮丧是完全可以理解的，而且他显然已经成了这场记者招待会的牺牲品，但他的那番宣言不过是气话而已。然而，东山再起已经不太可能，因为他的那些话不仅会困扰自己，还会在今后的数年里破坏他与媒体的关系。

二〇〇三年，随着萨达姆·侯赛因的倒台，巴格达抢劫事件频发。对此，我说了句“那些事都不稀奇”。其实，我只是想提醒媒体，大动荡后往往都会出现抢劫和骚乱。有时，即便在美国，情况也是如此。然而，我的话遭到了曲解。人们认为，我毫不关心发生在巴格达的那些事。随后，这一扭曲而令人遗憾的印象困扰了我很长一段时间。

不要像新飞行员一样“过量操控”。

近年来，“保持冷静，继续前进”这句二战中著名的英国格言又迅速出现在了流行文化中，甚至已经有些陈词滥调的感觉。不过，这的确是句睿智之语。危机中完成的每件事都有见证者。这个人可能是你的家人、同事，或诸如员工和公司股东这类更庞大的群体，甚至还有可能是地球另一端的人。因此，一名领导者的言行是需要经过深思熟虑的。

当出现极端反常的事时，领导者最不应该表现出的就是恐慌，或者说得更确切些，露出恐慌的样子。恐慌对决策毫无帮助。而且，对于那些在你身上寻找安慰，希望你告诉他们还有办法的人来说，恐慌还会降低他们的信心。

一九八一年三月，罗纳德·里根遇刺后不久，国务卿阿尔·黑格对白宫记者团和全国人民说：“这里我负责。”黑格试图让国人安心，让大家相信即便总统倒下了，国家还是在有能之士手中。遗憾的是，他的话却起到了反效果。因为他不是副总统，很多人都记得他是一位退役将军，所以他的话着实透着一种不祥之感。

回想“9·11”事件，我不记得自己有过恐慌的感觉，或在别人身上看到过恐慌的样子。当五角大楼在剧烈的爆炸中震颤时，我甚至产生了一种与众不同的本能——专注。我觉得，有什么事需要我去完成。而且，有很多人——最主要的一个人就是美利坚合众国的总统——在这场可怕的悲剧中渴望着我们的指引。那天早晨，五角大楼里的很多人都选择了解决问题，而不是当逃兵。他们冲进起火的那侧大楼，营救受伤的人。总统也表现出了惊人的镇静。袭击发生后仅几个小时，他就对我说：“唐，我们马上就来。”

> 我不担心社会的原因在于：当十九个人撞倒两幢大厦，致使数千人丧生时，还有数百人冲入其中，拯救幸存者。这样的事，我每天都愿意做。
>
> ——约翰·斯图尔特

当我抵达五角大楼的国家指挥中心听取简报、权衡该如何抉择时，浓烟已经开始从通风系统渗进房间。几个小时后，我们便无法再继续正常工作了。大家都催我飞到一个非现场指挥中心去。虽然我们已经疏散了五角大楼里不必要的员工，但我还是觉得坚守岗位十分重要。因为这么做可以表明：全球最强大的军事力量的总部仍在正常运转，我们绝不会被区区几个恐怖分子打倒。

二〇〇五年，卡特里娜飓风肆虐之际，总统的一系列反应招致了不少批评之声。布什政府还是低估了媒体对此的反应。媒体首先谴责的是总统待在自己位于得克萨斯州的农场，直到飓风登陆两天后才返回华盛顿的行为。更糟糕的是，他决定直飞华盛顿，只是在经过新奥尔良的时候飞低一点儿，却不在附近停留。这种做法给人们留下了冷漠的印象。总统和他的员工们都很清楚，如果他在路易斯安那州着陆，肯定会给本就已经非常紧张的救援工作添麻烦。然而，总统舒舒服服地坐在"空军一号"上，透过舷窗俯瞰受灾地区的形象却糟糕透顶，引来了无数批评谩骂之声。

只有在困境中才能看清一个人的本质。——爱比克泰德

不论出现何种危机，都要确定有人主持大局，并做好迎接其他任何突发事件的准备。

二十世纪八九十年代，身处商界的我还是积极参与了“续政计划”。这项计划的宗旨是：在任何大灾难（比如核战）后，确保美国仍然存在一个有效的政府。每过一年左右，我便会接到电话，到一处秘密地点汇报情况。所有参与者都会断绝与外界的一切联系，在那段封闭的日子里，我们会演练一系列可能出现的危机场面。

当然，演练不可能完全与事实吻合。参与预测美国可能会遇到怎样的攻击是一回事儿；在面对着相互矛盾的信息，听着人们惊恐的呼喊，看着周围同事随时可能丧命或已经奄奄一息的情况下，切身体会那样的攻击就是另外一回事儿了。

“9·11”事件发生的那天上午，“续政计划”被激活，这在美国历史上还是第一次。总统迅速登上“空军一号”，出于安全考虑，他被送往美国的一个空军基地；而副总统切尼则转移到了坚固的地下白宫。我虽然决定不走，但国防部要求我乘直升机转移到一处偏远的安全地带。不过，我让国防部副部长保罗·沃尔福威茨代替我执行了这个命令。虽然不太情愿，但他还是明白这是他的职责。

当然，并非每次危机都需要这样的延续计划。不过，想清楚领导不在的时候该由谁来负责，也是很有必要的，因为总裁可能会出事，管理团队可能会突然离开，高级财务主管也可能会爆出丑闻。即便为此而在关键岗位设定副职，委以能力挽狂澜之人，也是明智的做法。

第一批报告往往都是错误的。

危急关头出现相互矛盾的报告十分正常。因此，面对原始信息，领导者们一定要小心，有时甚至还需要极端谨慎。**真相浮出水面是需要时间的，一定要**

顶住诱惑，切忌妄下结论。

一九七五年，当美军还在从西贡撤退之际，国务卿亨利·基辛格便公开宣布所有美国人都已撤离越南。听到这则报道后，国防部长吉姆·施莱辛格告知白宫，虽然其他人都已经撤离，但保卫使馆的海军陆战队仍在当地。发现自己告诉媒体的信息并不准确后，基辛格很不高兴。于是，和福特总统同在总统办公室的我们便开始讨论下一步的做法。我们可以将错就错，期待不久后海军陆战队会安全离开。或者，我们也可以发表一则更改声明，使本就已经混乱艰难的局面雪上加霜。

相对迅速地弄清某个问题的80%并不困难，但剩下的那20%有可能永远都弄不清——这一点适用于大多数问题。

身为白宫办公厅主任，我认为应该纠正这个错误，于是我对福特总统说："这场战争已经充斥了太多的谎言和借口，还要用谎言来结束这场战争是不对的。"①福特表示同意，并派自己的新闻秘书罗恩·内森向媒体发布了更正声明。

二〇〇一年九月十一日凌晨，"9·11"事件发生之前，国家安全委员会成员以及其他文职人员和军事顾问都得应付大量不准确的早期报告。比如美国军队击落了一架飞机，国务院被炸了，一架从韩国飞往美国的飞机被劫持了，等等。各种猜测袭击事件和萨达姆·侯赛因有何关系的新闻漫天乱飞。结果，事实证明，那些报道都是错误的。然而，布什总统和他的团队还是得在弄清所有简报之前就采取行动，以保卫国家的安全。要是等到彻底掌握了情况再动手，或许就太迟了。

① 罗恩·内森，《从内部看肯定是不一样的》（*It Sure Looks Different from the Inside*），110页，芝加哥：花花公子出版社，一九七八年版。——作者注

做好充分的准备，才能从容不迫。

布什总统的第二届任期不仅有十个月都毁在了卡特里娜飓风手里，剩下的三年任期也一直都笼罩在此事的阴影之下。据媒体报道，联邦政府、州政府和当地政府不仅笨拙无能、领导无方，还对困境中的少数族裔漠不关心。事实上，总统及其政府的反应速度已经创下历史新纪录。他们总计派出了46,000名国民警卫队士兵和22,000支现役部队，并筹集了850亿美元用于重建和人道主义救援。然而，这些事实仍然无法弥补当地政府和路易斯安那州政府的无能，也无法修复如此规模的破坏。

此外，对于包括联邦紧急事务管理局在内的新国土安全部来说，卡特里娜飓风就是他们需要解决的一场大灾难。可是，该部门显然没有做好应对这般灾难的准备。国土安全部是“9·11”事件发生后数周内，在国会的压力下匆忙成立的一个新部门。卡特里娜飓风便是它要面临的第一个考验。然而，不论是应变能力，还是反应速度，该部门显然都不合格。面对范围如此之广、破坏程度如此之大的危机，这个羽翼未丰的部门能做的，只剩下签合同和拨款了。

> 当准备遇到机遇时，幸运就降临了。
>
> ——塞内加

当然，应对危机的最佳办法是事先做好充足的准备。“9·11”袭击事件发生后不久，我便请求国会设立了一个新岗位——负责国土防御的助理国防部长。事实证明，这是个明智的决定。从此，美国境内再发生任何重大危机，国防部都将有能力做出快速反应。这些危机包括恐怖袭击、大地震、飓风，以及其他任何或许需要快速调集军队的灾难性事件。

为没有发生以及或许永远都不会发生的事做准备，也许得不偿失。然而，对商业领袖和高级经理们来说，思考可能遇到的潜在问题以及相应的解决办法十分重要。

最宝贵的东西，或许非经验莫属。一九八三年，美国入侵格林纳达时，美军遭遇了一场极其屈辱的经历。虽然刚开始时一切顺利，但随着美军逐渐控制全岛，各部队之间出现了通信问题。战前，各部队都分别购买设备，压根儿没想到彼此之间或许也需要沟通。海军有一套自己的通信设备，空军和陆军也有，三方的通信设备都不同。结果，尽管美军是全球最强大的军事力量，但成员仍不得不求助于公用电话。在随后的几年里，我们便花了大力气加强陆军、海军、空军和海军陆战队之间的互动性和联合性。

这个教训同样也适用于私人公司。**研究对手的经历，吸取他们在应对各种危机中的成功经验或失败教训，都是很有用的**。比如英国石油公司的高管们就会吸取“埃克森·瓦尔德兹”号油轮泄漏事件的教训，以便今后遇到类似情况时应对更加熟练；航空公司会进行应急训练，以便在飞机失事时承担起自己应尽的责任。人们总会犯错，但我们至少可以努力只犯新错，不要重复旧错。

速度至关重要。

在危机中行动迅速不仅可以给深陷其中的人以信心，还可以让他在敌人或竞争者面前占据优势。谈到迅速而熟练地应对危机，一九八二年秋发生在芝加哥，导致七人死亡的泰诺胶囊中毒事件便是一个令人印象深刻的实例。

泰诺胶囊的母公司——强生公司的反应，即便是在三十年后，也能成为危机管理教科书中的最佳范例。强生公司斥资数百万美元，迅速开始在全国回收泰诺产品。此外，强生还暂停了泰诺胶囊的生产，取消了所有广告，用刚刚经过测试、安全无毒的药片换回之前已经售出的胶囊。接着，强生研发出了非处方药专用的防篡改容器。后来，这种容器也成了行业标准容器。

事实证明，在泰诺引发的恐慌下，速度成了至关重要的因素。公司的领导者们赶在人们生出“强生公司的所有产品都很危险”的念头、形成“公司不愿或不能负责任地处理好该问题”的想法前，迅速控制住了局势。不到一年，强生公司的股价便回升了。如今，顾客在购买泰诺胶囊前，几乎已不会想起那件曾有可能大大损害甚至彻底毁灭该品牌的事了。

然而，在危机中，速度也可能会带来风险。行动过快，尤其是在掌握关键信息和必要计划前行动过快，也可能导致不良决策。“9·11”袭击事件后，布什政府承受了相当大的压力。面对丧生的三千多人，大家都期望他们能做点儿什么——什么都可以。布什总统很自然地感同身受，并迫切地想要做出回应，但不能是——用他自己的话来说——“毫无用处”的回应。不过，他深知鲁莽的危害。在没有可靠策略的情况下轻率地做出回应，或许满足了一时畅快，却不利于赢得公众的长期支持。构思计划，选择正确的目标，积蓄起必要的力量和能力，都是需要时间的。我们需要与其他国家合作，这些国家便包括阿富汗的邻国。不过，其中的某些国家是否会支持这场由美国主导的行动，的确让我们忧心忡忡。总的来说，在一场危机中，领导者的处事节奏和应变能力都将受到考验。因行动过快或不够快而产生的危险，都是一种挑战。

散布不准确的信息和散布准确但背景不足的信息，都有可能导致危机，引发恐慌。**如果危机引起了公众的兴趣，你可以把不敏感和非保密的信息透露给媒体和外界。不仅要告诉他们你知道什么，也要珍而重之地告诉他们你不知道**

什么。

透露信息给公众当然是要冒风险的，如果后来证明该信息是错误的，就更是如此。在危机中，即使发言人出于一片好心，若后来证明他透露的信息有误，媒体和公众对他也不会有半分耐心或同情。

不过，迅速获取信息有利于实现目标。肯尼迪总统之所以在古巴导弹危机中获得广泛支持，就是因为其驻联合国大使阿德莱·史蒂文森让安理会对遍布全岛的苏联导弹留下了深刻印象。一年前，当旨在推翻卡斯特罗政权的猪湾事件失败时，肯尼迪总统不仅迅速承认错误，还承担了相应的责任，从而不出意外地再次赢回了公众的支持。

类似的著名案例，美国独立战争期间也有一个。当时，国会拒发薪资使一群步兵起了叛乱之心。作为大陆军总司令的乔治·华盛顿已经为自己的士兵多次恳请国会给予支持，但都失败了。华盛顿意识到军中的危机，以令人瞩目的方式尽了自己的职责。这位德高望重的将军来到那群试图反叛者面前，承诺他一定会尽自己最大的努力圆满解决此事。然后，他把一名国会成员给他的信拿了出来。读信之前，华盛顿却顿住了。在一片长时间的静默中，不安的人群对将军的踌躇越来越好奇。接着，华盛顿掐准时机，抬头看向他们，终于开了口："先生们，请允许我先戴上眼镜。为国效力这么多年，我不仅老了，还几乎瞎了。"话中的真情让人群中的一些人潸然泪下。士兵们不禁暗想，为了领导他们这支军队，华盛顿都牺牲到如此地步了，他们又怎能叛变呢？

即便某项成功的行动应该归功于大部分参与者，但获得掌声的往往是领导者们。不过，他们要是接受了荣誉，就最好要有承担起相应责任的准备。要是无法接受自己的行为可能会导致失败这一事实，那你或许就不适合当领导。

我们永远都不应该错过一场严重危机所带来的机遇。——拉姆·伊曼纽尔

奥巴马总统的第一位白宫办公厅主任、后来的芝加哥市长拉姆·伊曼纽尔曾说过一句令人不胜唏嘘的话：“我们永远都不应该错过一场严重危机所带来的机遇。”虽然某些人觉得他这话有些恶毒，但不可否认，它表明了一个基本真理。**危机会给一名领导者带来机会，让他以平时或许无法实现的方式大胆革新。**突发事件带来的震惊可以帮助领导者们改变现状。危机的紧迫性不仅能扩大决策的空间，还能在需要变革时提高达成共识的概率。

苏联将世界上第一颗人造卫星送入轨道后，人们开始认为美国已经“输掉”了太空竞赛。美国人认为它会带来一场危机，至少是一场心理危机。在肯尼迪总统提出美国要在二十世纪六十年代末成功实现载人登月计划时，我是众议院科学、航天与技术委员会的委员。这是一项大胆的计划。苏联这一显著的成功，加上美国全球领导力已然受到巨大挑战的现状，使肯尼迪最终赢得了公众的广泛支持。

林登·约翰逊总统也利用危机达成了一个完全不同的目的：在越南战争上赢得公众的支持。一九六四年八月东京湾（即北部湾）事件后，总统说服416名美国众议院成员支持一项议案。这项最终全票通过的议案在东南亚事务上给予了他更大的权力。

正如我当时在笔记中记录的那样，大多数人在为总统的请求投票时都是心存疑虑的。[①]比如，我就曾担心这种授权的应用范围是否过于广泛。在接下来

① 拉姆斯菲尔德的投票记录，《1966财政年度国防授权法案——众议院第12889号决议》，第八十九届众议院第二次会议，一九六六年三月一日。——作者注

的四年里，林登·约翰逊不论去什么地方，口袋里都会装一份该议案的复印件。为达目的，他会毫不迟疑地将其复述一遍。

二〇〇一年一月，我重返五角大楼后，布什总统委托我改造国防部，使军队变得更加灵活迅速，以满足新世纪的需要。他想要的是能适应信息时代而非工业时代的军队。这是项艰巨的任务，因为总统寻求的一些改变已经直接伤害到了华盛顿国会的利益，影响到了国防部的商业订单，并与其根深蒂固的官僚主义背道而驰。而且，上述两个部门都主张特定的武器系统，并坚决捍卫自己的利益。“9·11”事件促成了许多改变，这些改变无一不是为了抵御二十一世纪的新威胁。为了国家的安全，面对这些捉摸不定的新威胁，之前大多数顽固的反对声只能选择屈服。

几乎所有危机——不论是小组织遇到的，还是国与国之间的争端——都有一个相同点：领导者必须有与那些受危机影响的人进行有效沟通的能力。通常来说，这种沟通都是借助媒体来完成的，记者们往往能为即将展开的事件带来全新的视角。

第八课

面对媒体

一九六二年，首次竞选众议员的我召开了自己的第一次新闻发布会。那年我二十九岁，不过，或许看起来要显得更年轻些。对于伊利诺伊州第十三国会选区的大多数人来说，我是个彻彻底底的新人。面对记者和摄像机，努力争取数百（即便没有上千）选民的支持，对我来说是全新的经历。这事儿真的不容易。

据说，害怕公开演讲是人类最常见的恐惧之一。对此，我会像面对诸多困难时一样采取同样的办法：尽管去做！

竞选开始数周后，妻子乔伊丝和我的朋友兼竞选经理内德·詹诺塔把我叫到一边，告诉了我一个残酷的事实：我不是个优秀的演讲者。他们说，我习惯把手揣在兜里，看讲稿的时间比看观众的时间长，而且说话的时候离话筒太近了。

很少有人第一次做某事时便能游刃有余，我们都需要练习才能做得更好。乔伊丝和内德决定让我在他们的监督批评下到空礼堂里练习。可以想见，那绝对不是一段令人愉快的经历。我一边练习竞选演讲，一边听他们不断地嚷嚷：“站直！别喷话筒！别把手放在兜里！”这就像在训练猩猩似的——做对了才有香蕉吃；要是做错了，你就等着挨棒子吧。不过，我终于开始进步了。

有三种回答记者问题的方式：“这事儿我知道，我马上就告诉你”“虽然我知道这事儿，但无可奉告”，以及“我不知道”。——丹·拉瑟

首先，要说实话。其次，尽量言简意赅。——石壁将军杰克逊

公开演讲时，不论面对的是数千观众还是一名记者，我能提出的最佳建议都是：**永远谈论你知道的东西**。这句话似乎显而易见，但我已经在很多场合见到过不少这样的人，他们公开评论自己不熟悉的事，结果立刻就被公众的第一

个问题弄得瞠目结舌。对每个人来说，这都是极其尴尬的经历。

自己写演讲稿也同样重要。对于领导者来说，他们的演讲就是最宝贵的沟通工具。然而，有些人有才华横溢的写手替他们代笔，很少花时间看看讲稿。结果，演讲就可能因为讲稿不适合而达不到预期的效果，因为他们说出的那些话很可能会让听众觉得他们言不由衷。

> 如果你花了半个小时才写出两段话，那就赶紧换个主题吧。
>
> ——雷蒙德·阿伦

任何希望演讲能取得预期效果的人，都需要在讲稿上花费时间。修改，再修改，直到烂熟于心为止。我总是会反复修改讲稿，次数之多，有时甚至会激怒那些协助我写稿的人。有一次，一个写手就拿着我最新的一份修改稿来找我："部长先生，我写的部分您可以随便改，但您不能把这句引语也改了啊，这是伯里克利说的话。"

我接过讲稿仔细看完那段话后，在纸上做了些修改，便将稿子递回给他。结果也没能让他高兴多少，因为我写的是"伯里克利应该这么说"。

你不是目标，就是源头。——罗伯特·诺瓦克[①]

几乎每个组织的高级管理者都有需要跟媒体打交道的时候。当然，商界中的人遇到此事的频率和规模是无法跟总统、内阁秘书或国会议员相比的。然而，对任何一位领导者来说，这都是一个重要的机会。他们可以借此说明某一行动的目的，宣传某项产品，宣扬某项政策，或对某件进展不顺之事做出解

① 美国政治专栏作家。——译者注

释。因为政府官员有知会公众的义务，所以他们经常跟记者打交道。这一点有利也有弊，全看你是“源头”还是“目标”，或两者兼而有之。

一名曾备受公众非议的政客要说出下面这番话，或许是很不寻常的，但我的确对大部分从事媒体工作的人都很有好感。记者就像公共服务事业中的监督者，不仅致力于揭露丑恶，还满世界奔波，报道战争和动乱的情况。公众知情权是美国民主健康发展不可或缺的一部分，而记者就是保证公众知情权的重要一环。历史上从来不乏记者的功绩。有时，他们甚至会英勇殉职。第二次世界大战期间，前线记者厄尼·派尔就牺牲在了战场上。最近，《大西洋》月刊的编辑迈克尔·凯利也在伊拉克战场上不幸罹难。这样的例子不胜枚举。

“9·11”袭击事件以及之后很长一段时间里，布什总统下令做出的军事反应，都给国防部带来了不小的压力，因为国防部有责任把这些情况及时透露给公众。结果，几乎每过一两周，不论我是在五角大楼、军事基地，还是在国外，都得走到镜头前一次。我相信沟通的重要性。公众应该知道国防部的情况，我们也需要了解记者们心中有什么疑问，并适时纠正之前任何的错误信息。我的主要目标是传达我们想要传达的信息。参加一次新闻发布会前，先了解一下“当日要闻”至关重要。如此一来，你便能大致猜到记者们会问什么样的问题。不过，我的注意力往往会集中在需要传达的信息上。因此，每次召开新闻发布会，我们都会先准备一篇简短的陈述，然后再进入问答环节。当然，轮流提问的是记者，而非我们。

上述经验渐渐让我明白：在现今这个信息时代，应付媒体应该是领导者们必须经历的考验。这些年来，我也积累了一些跟媒体打交道的基本准则。

我发现，记者们通常都见多识广，不仅兴趣广泛、乐于学习，还大多热情开朗。然而，太相信他们亲切的外表就可能铸成大错。大多数记者很可能头天下午还热情地跟某人喝咖啡，第二天一早便在头版撰文，对其大肆鞭挞。记者寻求的不是友谊，而是独家新闻。简而言之，他们在工作。

你可以痛斥媒体，或许有时还理由充分，但热衷于发泄这种负面情绪的人往往得不偿失。在约翰逊和尼克松总统最艰难的那段日子里，我便在他们身上看到过此类情况。他们对媒体的敌意既没能为自己带来任何好处，也无法让他们将自己的想法传达给公众。林登·约翰逊曾愤怒地说：“我要哪天早上走过波托马克河面[①]，那下午的头条肯定会变成：总统不会游泳。”媒体对越南战争的报道一直让林登耿耿于怀，结果，他便犯下了一个对政客来说最难以饶恕的错误：误导媒体。而尼克松与他的政敌约翰·F. 肯尼迪之间的差别，用《华盛顿邮报》的传奇编辑本·布拉德利的话来说便是：“约翰·肯尼迪是真心喜欢媒体工作者，也是真的很享受与记者交锋的过程。”

据我观察，约翰·F. 肯尼迪的确喜欢报道自己的记者们，这也是他多有正面报道的原因。相比之下，尼克松的不适和敌意带来的便只有伤害了。他后来做出的某些糟糕决定，或许就跟他过度关注各种“敌人”——包括新闻界的那些“敌人”——脱不了干系。

我认识很多不喜欢与记者打交道的商界和政界人士。被刺痛过一两次之后，他们往往会对媒体产生强烈的反感。他们只会跟自己喜欢并信任的记者说话。而且，随着时间的推移，符合条件的记者会越来越少。然而，采取了这种做法的人后来往往会后悔不迭。

人们的反应与你的付出成正比。——副总统纳尔逊·洛克菲勒

我从纽约州前州长、后来的副总统纳尔逊·洛克菲勒身上了解到了宣传的重要性。跟包括媒体工作者在内的任何人打交道，他提供的这个洞察人性的方法都十分有用。

① 出自《马太福音》第十四章第22~26节，耶稣从水面上向他的门徒走去。——译者注

在一次总统的车队游行中，我跟他同乘一辆敞篷车，前方是总统的豪华轿车，后面是特勤局的车。两边的街道上都里三层外三层地站满了想看一眼福特总统的人。副总统鼻梁上架了副厚框眼镜，转向我说了句：“看着！”然后，他把一只手伸出窗外，冲人群轻轻地摆了摆。这个动作引起了几个人的注意，于是，他们也轻轻地摆了摆手。

“现在，再看看这个。”说着，洛克菲勒稍微加大了动作幅度，手臂在窗外绕了一个小圆弧。不出所料，街上还是有人看见了他，并回以完全相同的动作。接着，他又对我说了声“看着”，便转过身，举起双臂左右摇晃起来。街上的人又一次重复了他的动作，也冲他挥舞着胳膊。

然后，让我大吃一惊的是，洛克菲勒竟然从后座上站了起来，尽力舒展着身子，钻出敞开的车顶。他笑容灿烂地狂舞双手，立刻便带动了两边的人群。其中的一些人手舞着国旗，但因为他们的动作太快，旗帜几乎都看不清了。人群彻底沸腾了。

洛克菲勒坐下来，面带微笑地看向我，满意地说：“唐，这件事告诉我们：人们的反应与你的付出成正比。”私下里的洛克菲勒正如我多次在白宫会议上亲眼所见的那样，是个盛气凌人、心高气傲的家伙。然而，我完全可以理解为何这么多年来，他一直都是个十分成功的政治家，因为他深知，只要你主动接触公众，后者通常都会有所回应。

二〇一一年，我在为回忆录《已知与未知》筹备巡回售书活动时，便知道自己或许要重温职业生涯中某些颇有争议的往事了。有朋友劝我，不仅要推掉那些很可能不好对付的媒体评论员，还要回避那些难以回答又惹人不快的问题。比如，有人就劝我婉拒《每日秀》主持人乔恩·斯图尔特的邀请。我知道，斯图尔特无论如何都算不上布什政府的狂热支持者。但我看过他的一些节目片段，发现他虽然犀利，但无疑是个睿智严肃之人。因此，我决定遵循那条“洛克菲勒守则”。

我希望自己接下来说的话不会影响到斯图尔特的工作。不过，那期《每日秀》真的是我跟电视评论员打交道以来最有趣也最愉快的一次经历。之前我已经接受过十几次采访，并发现有些采访者——包括某些新闻界名记者——显然没有读过我的书。但斯图尔特完全不一样，他会用心倾听。尽管他会在言谈中加些无伤大雅的小幽默和戏谑之语，但他提出的问题明显经过了仔细思量，有理又有据。最重要的是，上他的节目为我带来了一批完全不同的观众——我敢说，跟上晚间新闻比起来，这肯定是批更年轻也更多元化的观众。

在新闻界，总会有些人对你或你的观点诸多挑剔，他们或许不值得你花时间应付。不过，这样的人总归是少数。我希望能有更多保守派人士和共和党人尝试一下那看似不太友好的新闻网，从而让更多观众了解他们的观点。同样，某些自由派人士和民主党人抵制福克斯新闻网的行为，不仅对他们毫无帮助，也会伤害到那些新闻网的观众。跟观众以及与我们意见相左的人健康交流，都是大有裨益的。

十几年前——甚至几年前，严肃的政治节目在喜剧中心频道开播都是难以想象的事。但现在，美国人能够畅所欲言、尽情交流的地方已经越来越多。如今已是信息爆炸的时代：数码相机，YouTube视频网站，脱口秀，Skype网络电话，博客，数百个全天二十四小时、七天不间断开播的电视台和广播电台……这种可喜的新变化，终于结束了所有新闻都要经由三大新闻网络和少数报纸过滤的情况。

并非所有负面新闻都有失偏颇。

商界中人和政府中人对待媒体的方式截然不同。执行总裁很少会上节目，公开接受一名主持人的质问。当然，凡事皆有例外。比如二〇一〇年英国石油公司墨西哥湾漏油事件期间，该公司的执行总裁就接受了采访。其实，一名公司领导人在整个职业生涯中可以一次全国电视新闻发布会都不召开。这既可以让公司管理层远离报纸头条，或许也间接说明没发生什么坏事。

然而，高管们还是得应付一大群跟记者没什么两样的专家——证券分析师。他们会密切跟踪行业和公司的情况，并将自己的发现公开透露给感兴趣的投资者们。这些分析师通常会作为财经节目的专家，就某一特定行业或公司发表看法。

一九七七年，我加入西尔列制药公司数月前，公司的一名发言人为一大群证券分析师做了次演讲。后来，因为他的预测并未成真，所以一些受到误导的分析师便做出了最坏的假设。结果，他们丑化公司，公开发表批评言论，导致公司股票价格大幅下跌。

经历了类似事件之后，或许公司领导层和证券分析师们就应该避免更多类似事件。然而，我的做法恰恰相反。到公司后不久，我便将上次到访的一些分析师请到了公司总部。总部位于伊利诺伊州的斯科基，北部便是芝加哥。我们没有一次性接待所有来访者，而是每次只邀请一位，以便公司的高级经理们和我能更直接也更有针对性地解决每个人的具体问题。

每天早上，我都会跟公司的运营总监约翰·罗布森和财务总监吉姆·丹尼请来访的那位分析师喝咖啡。我们向他们解释西尔列制药公司的策略，并回答他们提出的任何问题。接着，我们还安排分析师与各部门主管见面，并鼓励他们任意提问。之后，他们更是可以随意在公司走动，不论遇到什么职位的人，都可以上去与之交谈。我只提出了一个条件：我希望他们能在临走之前再回来喝杯咖啡，把他们对公司优缺点的看法告诉我们。这些人的确都称得上是善于调查的记者和敏锐的观察者。我很想知道那些他们了解了却可能被我们忽略的东西。同样，我也希望能有个机会纠正他们或许会产生的任何错觉，让一切都能发展顺利。

当然，在大型企业中，是不可能跟每个人都交谈一番的。**局外人，尤其是**

善于发现问题的专家，往往能找出高级经理们还未发现的问题。

在五角大楼，我也采取了类似态度。国防部规模庞大，任何一位国防部长都不可能对其中发生的所有事了如指掌。五角大楼的记者们都有自己的线人，能在问题上呈国防部长之前便嗅出端倪。媒体往往能通过鉴别这些问题，为国防部和美国民众做出有价值的贡献。

我会认为每天早晨国防部各部门的新闻摘要——“早到者记录”很有用，这也是原因之一。有时，我还会在页边空白处做些笔记，拿给官员们或公共事务办公室那些人传看。要是听见有谁对哪件与国防部有关的事感兴趣，而我又恰好对他的这一看法产生了兴趣或心存忧虑的话，我便会毫不犹豫地拿起电话，向他询问一二。要是我发现那位记者的话并不属实，那他下次碰到我的时候，或许就得听我聊上几句了。

前国家橄榄球联盟明星帕特·蒂尔曼的死因之所以能为公众所知，记者功不可没。当我听说蒂尔曼下士于二〇〇四年四月在阿富汗被杀时，我看到的第一份报道称他是在与塔利班武装分子的战斗中牺牲的。事实上，美国军队还授予了他一枚英雄奖章。没过多久，便有人指出之前的报道失实，他其实是死在己方的炮火之下。虽然他所在部队的指挥官和部分战友肯定都明白到底发生了什么，但事实真相仍令人难以接受，所以过了很长一段时间，真相才终于慢慢浮出水面。他的家人和美国民众都有权知道真相。于是，媒体发挥重要作用，确保了真相大白。

不要接受一个前提不准确的问题。

要是在一个问题中碰到预设，人们对它的本能反应都是接受而非质疑。毋庸置疑，记者们都更喜欢你在回答问题时被他们牵着鼻子走。但他们的问题中也可能会包含一个隐秘的，有时甚至会对你有利的论点。不过，如果你欣然接受这个论点，稍后估计便会自食其果。

优秀的记者都是出色的煽动者。他们总能事先明了提出什么样的问题，才能得到积极回应。有些记者喜欢自己提的问题能让被采访者采取守势。

{ 见风使舵这种做派不够诚实，并且往往会让你自食其果。 }

遇到此类情况，我的做法就是换种说法来表述这个问题，让它基于一个更精确或更恰当的前提。如此一来，你便能给出一个基于事实的答案。

一九六五年，身在纽约的我曾听到过一则保守派专栏作家威廉·F. 巴克利妄想竞选市长的当地新闻。他是个出色的演说家——生气勃勃、聪明机智、富有幽默感。此外，或许正如他自己所说，他还是个喜欢用难词、怪词的人。对他来说，竞选公职的目的，就是在一个极端自由主义的城市里为保守主义争得一席之地。（当一名记者问他要是获胜打算做什么时，他答道：“重新验票。”）那名记者对巴克利说，自己曾采访过他的一名支持者。那名支持者称，他之所以投票给巴克利，全都是因为巴克利会把纽约所有的黑人都赶走。

对此，巴克利冷静而慎重地答道：“好吧，我们姑且先假设今天早上你真的采访过那样一名支持者。你以自己期望的方式提出了那个问题，而那个人也按你设定的方式给出了他的答案。现在，你跑来问我：‘这事儿你怎么看？’”巴克利顿了顿，接着声调一变，愤怒地咆哮道：“我的看法就是：拿着你该死的选票滚！我不稀罕，我也不需要！”

{ 劝导是把双刃剑，理性和情感会让它插得更深。
——卢·萨雷特博士 }

几十年来，我一直都无法忘记巴克利的回答。那句话中有激情，有内容，也有情感。他在答问之前，先质疑了那名记者的话，暗示那不过是件子虚乌有的事。它被捏造出来的目的，就是为了让候选者难堪。

巴克利的回答让我想起了教授、诗人兼作家的卢·萨雷特博士说过的一句话："劝导是把双刃剑，理性和情感会让它插得更深。"萨雷特博士是我母亲的妹夫，对小男孩来说，他的嗓音简直充满魔力。情感能激起人们的兴趣，振奋他们的精神；但维持这一切的是理性。所以，不论发表什么看法，以上两点一定要牢记在心。

将采访录下来，以确保其准确性。

每次接受一对一采访，我都会录音。我也常要求记者们录音，以确保准确性。再次回到五角大楼后，我们需要在采访文章发表之际将访谈记录放到国防部网站上。记者们早就知道这事儿，再加上我的缘故，他们在引用上都非常谨慎。录音的好处显而易见，在我处理鲍勃·伍德沃德之事时，这一点更是体现得淋漓尽致。鲍勃·伍德沃德在其描写乔治·W. 布什政府的第三本书中，把一句我从未说过的话栽到了我头上。最初，白宫有人要求我跟伍德沃德合作，但我拒绝了。直到总统再次提出这个要求时，我才勉强答应下来。

伍德沃德的书刚一出版，我们便遵循当初的约定，立刻公布了他采访我的访谈记录。一名博客写手花时间把伍德沃德书中对那次采访的描述与我们公布的访谈记录做了对比。然后，他总结道："与其说伍德沃德先生在实践历史，不如说他在编故事。他像个记者一样搜集起来的资料，都一如既往地服务于他的叙事了。"①

① 参见www.redstate.com，"记录鲍勃·伍德沃德的《否认之国》（*State of Denial*）"。——作者注

事实胜于雄辩。

我们的世界是一个充满各种见解、权威之言和无数预测的世界。只有表述清晰的事实才能消除猜测，尤其是随着时间的进展，当事实慢慢浮出水面时，更是如此。ITT公司前执行总裁哈罗德·吉宁曾这样写道：“英语中最能表达‘毋庸置疑’这个含义的词，就是‘事实’。”他还说，有少数词被误用了。在诸多新闻报道和我们的日常谈话中，以下说法都很常见：“明显的事实”“假定的事实”或“我们所知的事实”。然而，经验告诉我们，那些“事实”最后往往都是错误的。

在新闻发布会上，记者们要是将问题表述成意见或“普遍共识”，我就会一丝不苟地纠正他们。通常来说，某个特定环境中正在发生的事都会更加复杂。

信任易失不易得。

任何领导者都会时不时遇到这样的情况：即便某则关于本公司或本组织的报道是积极的或有用的，它也并不属实。有时，消息是从组织内部流传出来的；有时，则是记者犯了错。不论该由谁负责，都不应该继续将错就错下去。向媒体透露不实信息会影响你的信誉。所以，**一旦发现错误，就要尽快改正，最好不要超过一个小时。**

我在五角大楼时，一旦错误地陈述了某个事实，房间里其他有所察觉的官员就都知道他们应该插进来纠正我，或传来一张便笺，让我自己及时纠正错误。有些人或许觉得这种做法令人尴尬，但要是错误的东西上了报纸或电视，才是更尴尬的事。

建立信誉需耗时数年，但失去信誉只需一秒。**要是不想被斥为误导媒体，最好的办法就是在面对问题时答声“不知道”**。长期与媒体打交道的人更应该习惯这句话，它能让你摆脱束缚。被视为“消息不够灵通”，总比被视为“虚伪之辈”或“含糊其词之人”好得多。

有时，你就是不能将自己知道的事告诉记者。在五角大楼召开的一次新闻发布会上，有个问题涉及了中央情报局在也门的一项敏感行动，于是我便回答了“不知道”。同样，当被问及我们有多大可能对伊拉克宣战时，我答道：“什么都知道的人会保持沉默，任何有理智的人都不会开口。由此可见，会跟媒体沟通的人，要么不可能什么都知道，要么就不会太理智。”

不要迷恋或怨恨媒体，他们有他们的事要做，你也一样。——乔伊丝·拉姆斯菲尔德

如果记者问某个国家是否在进行军事行动，而实际上该行动已经完成或将来可能进行的话，便可以遵循拉瑟的那条规则；反之，“虽然我知道这事儿，但无可奉告”这种说法就可能很危险，因为人们这么说无异于确认。最好一开始就躲开这样的陷阱。我的做法是：事先便告诉记者们，我不会回答诸如“是否在进行某项敏感行动”之类的问题。身为国防部长，我有义务不让自己的言行危及军人们，也不能让他们的工作更难做。

遗憾的是，并非所有人都这么看。五角大楼和政府里都有这样的人：他们知道敏感信息，但不知出于什么原因，他们认为将秘密透露给记者是可以接受的或很有好处的。这么做的人都是在犯罪。他们已经丧失了精神支柱，乐意让那些为国效力的人冒生命危险。我们竭尽全力，争取将泄露机密情报的人绳之以法，但收效甚微。

如果你不想让某些话见诸报端，就管好自己的嘴。

你最好相信，你和你的组织曾经做过的事、正在做的事或将要做的事，最终都会被公众所知。不论你是在政府担任公职，还是效力于私人公司，事实都是如此。几乎每个月都有因为在推特网或脸谱网上乱发东西而困窘不堪、备受谴责或丢了饭碗的傻瓜。如果你不想跟数百万人分享你的某个看法，就千万别在推特网、Skype或YouTube上提起它。或者，如果可以的话，甚至一开始就别想到它。

与媒体打交道，没有什么东西是“私底下的”。

有时，特别是出行时，我会跟一小群五角大楼记者团的成员来场“私下交谈”。这些更随意的讨论旨在提供背景信息，让记者团成员们展开更广泛的议题，而且不需要赶任何截稿日期或新闻周期。比起面对无数正在运转的摄像机和录音机，它们要开放得多。

这种私下讨论的内容见诸报端的事，我只记得一次。那篇文章大谈特谈五角大楼记者团的专业素养问题。即便有清晰的基本规则，我也明白，记者们会在“私下讨论”时用心记录。随后，即便与我无关，那些被他们记住的东西也会作为背景信息，出现在他们的文章中。因此，对认为自己或许能让那些“私下交谈”不被公之于众的人，我的建议是：这是徒劳的。正如我在一次新闻发布会上所说：“任何我不应该说的话，其实都属于私下交谈的范围。”（这句话很有可能已经被录下来了。）对于信息时代的媒体来说，“私下交谈”是不存在的。

认为新闻界的每个人都在寻求真相，是一种战略失误。——皮特·斯库梅克上将

上了一定年纪的人或许都还记得，一九六三年，约翰·F. 肯尼迪总统被暗杀后，无数记者和学者便立刻将凶手李·哈维·奥斯瓦德划为右翼极端分子。当然，事实上，奥斯瓦德曾在苏联生活过，娶了位苏联太太，还在信奉共产主义的古巴待过一段时间。说他是亲苏派，显然比说他是左派或右派分子合理得多。

> 如果核查事实，任何事都站不住脚。
>
> ——一位匿名的芝加哥记者

那则误传虽然严重，但当时主要的全国性报纸只有几家，晚间新闻频道也不过三四个，所以，要纠正任何错误信息，都比现在容易得多。如今，错误的信息可能永远留在互联网上和不明真相的人心中。

如今，媒体有专门致力于“核实事实”的记者。他们批评公众人物的言论，并记下他们犯下的所有错误。这么做很公平。备受大众关注的我们应该料到这样的情况。但要是记者或博客写手们把大事弄错了呢？该由谁来给这些“核实事实”的人挑错？错误的信息要是流传多年，影响人们的生活，又将如何？

> 但凡不正确的事，你都能在报纸上找到大量相关报道。
>
> ——托马斯·杰斐逊

我在国防部期间，《新闻周刊》曾登过一篇获奖记者的文章，文中称关塔那摩监狱的美军将一本《古兰经》冲入马桶。此举引起了全球穆斯林的强烈抗议，随之而起的暴动更是导致数名无辜平民丧生。后来，《新闻周刊》称他们报道有误，并对此表达了歉意。但对于受害者及其家属来说，这完全于事无补。同时，那些报道并刊印了这则错误消息的人，也还在继续自己的职业生涯。

真理未出门，谎言传千里。——马克·吐温

战争期间，误导、报道失实或匆忙下结论的事都更为严重。主要媒体几乎一瞬间便吸引了无数观众——美国民众、军人、外国官员以及敌人。乔治·W. 布什执政期间，美国参加了二十一世纪的第一场战争。事实证明，美

国政府在适应信息时代的新挑战方面进展非常缓慢。

第二次世界大战期间，我记得，还是孩子的自己追随着消息滞后数周的报纸，了解美国军队的动向，并用图钉在地图上标注出了美军的位置。当时，我们的消息来源只有收音机、报纸和当地电影院放电影前的简短公告。这是人类历史上最糟糕的一场战争，但战场上的恐怖景象，我们常常无从得知。那时还没有电视。为了保护军队，照片、新闻报道和军人们的信件都不能透露任何军事行动。

我们如今经历的一切，已经和以前截然不同。成千上万的照片和无数文字通过网络从战区传遍世界。一张数码相机拍摄的照片所造成的影响就能动摇军心，助长敌军的士气，削弱国内民众的支持，甚至影响战争的结局。一部智能手机便能把敌军攻击美军的视频上传到YouTube视频网站，让数百万观众即时下载。

独立战争期间，尽管殖民军节节败退，士气一跌再跌，但要是美国军队中有随军记者的话，他们也几乎不可能赢得这场战争的胜利。如果摄像机传回了一九四四年美军在诺曼底海滩和法国丛林中的作战画面，盟军的进展就有可能招致公众的批评，甚至被迫中断。

未经处理的原始资料和图片越来越多，简直令人难以抵抗。美军入侵阿富汗和伊拉克期间，公众从各种渠道获取的大量信息完全可以令人失去方向。这就好比化油器泛滥了一样。有些由正规媒体报道的信息是准确的，有些则断章取义、有失偏颇。除此之外，诸如半岛电视台之类的媒体在收到我方敌人给的虚假信息后，竟然不加任何修正，便全盘报道出来。

迄今为止，我们的政府还无法有效地应对这一新挑战。官方媒体依然像几十年前一样活跃：一天八小时、一周五天地开播新闻。然而，世界一天二十四小时、一周七天，时时刻刻都有新事件发生。布什执政期间，我们小心谨慎，尽量确保发出的消息都是准确的。而且，如果有任何官员说了后来被证明有失偏颇的话，我们都得到了应有的批评。与此同时，恐怖分子也建立了媒体机构，专门传播关于美国和美军的虚假信息，并且还成效卓著。因为我们往往会试图寻找真相，所以反击便常常滞后。

英国首相玛格丽特·撒切尔曾经说过这样一番话："我必须要说，当你方记者对我们的行为指手画脚时，我对我国政治家遵照传统，不干涉你方记者的行为非常满意。尽管这样的安排饱受争议，但要想维持议会民主制的正常运转，它就是必不可少的。"这话如今依然适用。不过，它应该这么说：要实现这一点，双方都应该尽责。

记者、编辑和出版人想吸引读者、观众或听众，这一点完全可以理解。但如今，仓促中，记者们很可能没有足够的时间调查清楚首次接触到的事件，或找到一个可靠的信息来源。

有时，偏见也可能让矛盾恶化。比如二〇一二年，美国广播公司的布赖恩·罗斯便报道了一则不实的消息。他说，科罗拉多州奥罗拉枪击事件"跟茶党有关"。肯定有人直到现在还对那则错误的报道深信不疑。正如仍有人在写文章，说美国精心策划了"9·11"事件，或不断声称巴拉克·奥巴马总统不是美国公民。

对速度的渴望超过对准确的追求，是当代媒体需要面临的重要挑战之一。收视率、读者人数、奖品、工资、名声、利益、奖金，无数刺激驱使媒体即便顶着巨大压力，也要第一个完成煽动人心的报道。但是，如果保证报道的准确性不是媒体的责任，那又该是谁的责任呢？而且，如果媒体失职，难道就不应该受到惩罚吗？仅仅于数日后在副页做个临时纠正就足够了吗？

事实上，惩罚是存在的。每一则错误的消息、每一次仓促而做的定论、每一篇片面的报道，都会给新闻行业留下一笔不良记录。随着信誉的流失，一个新闻机构终将失去人们的信赖，观众也会越来越少。

我知道，大多数记者并不是为了报道错误的信息或误导公众才进入新闻业。大多数人之所以干这行，是因为渴望为同胞们传递信息，曝光不道德行为，以及做能让他们引以为豪的事。我或许会觉得少数记者有问题，但绝不会认为以自由为理念的媒体都有问题。每当独裁者接管一个国家，他们最先做的事之一便是关闭独立媒体。我们都应该记住他们顾忌的那一点：正常和谐的媒体是民主统治的根本力量，而且，处在最佳状态的新闻业依然是无比高尚的。

第九课

摔跤里的学问

约翰·伍登是加州大学洛杉矶分校棕熊篮球队的传奇教练。许多人认为，他也是该队有史以来最好的教练之一。十二年来，该队能赢得十个全国冠军，并创下七连冠的纪录，秘诀何在？伍登给了我们简洁精辟的答案：遵守纪律有奖励。

> 约束自己，别人就不必再来约束你。
>
> ——约翰·伍登

在全国大学体育协会中，伍登队伍的训练时间可能比其他任何队伍都长，强度也更大。比如，如果谁上篮失败，之后就得全速跑。结果，伍登的队员的身体状况始终都保持在最佳状态。NBA超级巨星卡里姆·阿卜杜勒·贾巴尔也曾是伍登的队员。这些队员在篮球场上学到的这一课同样也适用于生活：一分耕耘，一分收获。换句话说，如果你在某件事上够努力，那你就会做得比别人好。

当然，极限也是存在的。或许我天天练球，也不一定能接近卡里姆·阿卜杜勒·贾巴尔的水平。事实上，高中时我就试过加入篮球队，但很快就意识到自己不够高，也不够快。对于球队来说，我就是个普普通通、勉强合格的球员。我们每个人都能找到最契合自己兴趣和天赋的爱好、运动或职业，对我来说，这种运动就是摔跤。

多年来，人们试图总结我在政界和商界的管理方法。他们时不时就会饶有兴致地关注我在高中、大学和海军中的那些摔跤岁月。记者们寻找曾跟我摔过跤的选手，引用他们对我摔跤方式的评论，仿佛那就是我管理的关键所在。一名记者在《纽约客》中写道："拉姆斯菲尔德'地战'技巧超群。"有些画面是不可避免的，比如一些强壮的家伙把对手撞翻在地，或压倒在垫子上。不过，摔跤方式如何的确跟我的生活没什么关系。

不管你做什么，都要做好它。——亚伯拉罕·林肯，郡摔跤冠军

直到十四岁，我才开始摔跤，因为我一直在寻找某种寓意深刻、可以指引我未来六七十年职业生涯的东西。但我要找的这项运动，并非要能说明什么放之四海而皆准的理论，只要能稍有裨益即可。我想，和其他很多东西一样，摔跤是能够提供些许有用经验的。

出于某些更实际也更世俗的考虑，我成了一名摔跤手。因为摔跤有体重级别之分，所以，对于我不够强健的体格来说，这项运动应该还是很理想的。和其他运动不同，在这里，我可以跟体格相近的对手竞争。因此，还是一名高中新生的我便抱着试试看的心态，在没有经过任何摔跤训练，也没有任何摔跤经验的情况下，参加了校内比赛。

我不知道还有没有别的运动能像摔跤一样，让参与者在极短的时间内精疲力竭。一场摔跤对决后，耳朵肿了、垫子毁了或身上各种瘀伤，都不足为奇。事实证明，我擅长摔跤，也很喜欢摔跤。要说从中学到了什么，那就是：**努力将你擅长的事做到最好**！亚伯拉罕·林肯身高六英尺四英寸，因此，他不可能成为一名优秀的赛马骑师。于是，他选择了摔跤。他的长臂极为出名，就是拜这项运动所赐。

做最适合自己能力的事，似乎是不言自明的，但有些人还是会在他们并不适合的领域和职业中苦苦挣扎。有多少失败的艺术家或演员，将时间花在他们并不适合的角色上？有些人对细节没有任何兴趣，却决定当律师。有些人对数字一点儿都不敏感，却试着当会计。所以，他们必然会以失望告终。

> 一旦开始摔跤，生活中的其他事就都很容易了。
>
> ——丹·盖布尔

尽管适合摔跤，但对我来说，这毕竟是项新运动。缺乏专业知识或经验，还是让我无法真的出类拔萃。我知道，要在比赛中取胜，我得更努力地练习，多参加比赛，与更好的摔跤手竞技，以便从他们身上汲取营养。我缺乏的实践经验和自然天赋，要靠毅力去弥补。

有个摔跤手曾叫我“塞子”，意思就是：我不是最出挑的，也不是技术最熟练的，但我好斗。我坚持不懈，在观察中不断尝试新动作，一直都在稳步前进。经过长时间精疲力竭的实战和全神贯注的学习，马上冲个澡是极具诱惑力的。然而，在大多数高强度的训练后，我都会再跑上两英里，以达到体能极限。我知道，如果没有约束自己付出这额外的努力，我就不会这么有竞争力。

摔跤教会了我每个年轻人都需要在某一时刻学到的东西：纪律。大学里，我参加的是157磅体重级的比赛。称重之前，我得注意饮食。有时，我会穿着橡胶服，围着学校的热锅炉房跑步。很多次我都想撒手不干，跟朋友到餐馆喝奶昔。然而，我还是坚持下来了，这一坚持就是十多年。

要是不奏效，就霸王硬上弓。——十岁那年，父亲对我基本行事原则的评价

其他人认为，即便有时并不会得到最好的结果，仍然没有多少事能阻止年轻的唐·拉姆斯菲尔德。十岁那年，有一次我们正开着一辆老式家庭轿车——一九三七款的绿色奥兹莫比尔，一只后轮突然没气了。父亲把车停在一个加油站旁，打开车厢，拿出千斤顶和备用轮胎后便进了加油站。于是，我拿过千斤顶，把它塞到车下，边打气边想着车应该会慢慢抬起。但我试了好一会儿，车子还是纹丝不动。父亲回来后，一看我的举动，便趴下去看了看车底。接着，他向我解释说，千斤顶需要放在汽车的主架下，而不是油箱下。这时候，油箱已经被压变形，只有之前的一半大了。于是，我父亲就跟我母亲说，简而言之，“唐的基本行事原则”就是“要是不奏效，就霸王硬上弓”。

这一点也可以用在摔跤上。我一直在努力寻找和完善适合自己的新摔抱技巧。一天，我在看州摔跤冠军——队友伦尼·维斯科奇尔比赛时，发现他使出了一个名叫背负式摔法的“地战”技巧。我深受触动，决心非掌握它不可。进攻者需要瞅准时机，一把抓住对手的右胳膊和右腿，一个箭步，用肩膀把他扛起来，就像消防员把人从着火的建筑中扛出来一样。这个动作若完成得好，对手就能被直接摔到垫子上，比赛便结束了。有些对手浑身是肌肉，比我强壮得多，战胜他们似乎希望渺茫。然而，用背负式摔法，我便能在形势不利的情况下完成几次触地，并迅速将对手压在垫子上。

摔跤也需要动脑子，这一点或许是那些不摔跤的人体验不到的。跟国际象棋比赛一样，你得分析对手的走法，琢磨自己该怎么走。当然，目标是明确的——在对手把你按到垫子上或得分之前，先把他按下去。然而，要实现那个目标，能用的组合和技巧是数不胜数的。

这是场随时可能定输赢的比赛。一次精力不集中，你就可能被摔翻在地，只能盯着天花板叹气了。

想他人所想。

或许，我就是从摔跤中学到了生命中重要的一课：想他人所想。**注意对手可能会想或会去做的事。**

试着从别人的角度去理解问题，不仅有助于商业谈判或外交，也有助于解决一些更实际的事，比如在买车或买房的时候砍价，或解决跟邻居或年轻人的问题。花点儿时间，琢磨一下你面对的人在想什么、他们想得到什么、他们的目标是什么、他们担心的是什么、他们面临的是哪些问题，你便能在达成自己目标的过程中处在一个更有利的位置。这条建议适用于任何情况。即便是跟一名外国领导人谈判，把它当成一场智力上的摔跤角逐，也是十分有用的。

例如，我与俄罗斯国防部长谢尔盖·伊万诺夫工作得十分融洽。他是个聪明直爽的人，很好相处。但这段关系之所以能维持良好，原因还在于我们都花时间去了解对方，理解彼此国家的利益和动机。就我而言，我会努力从他的角度去思考问题。

冷战之后，俄罗斯从一个超级大国变成了正经历艰难转型期的国家。俄罗斯仍然希望自己在国际上是值得尊重的。而且，鉴于它的国土面积和强大的核军械库，这种期望并非难以保证。然而，要是美国人不停地讨论西方在冷战中取得的“胜利”，他们是不会高兴的。我们有理由为那段辉煌的历史而骄傲，但没必要在十年后还旧事重提。试想，若角色颠倒，身为美国人的我们会做何感想？

我们也知道，俄罗斯正面临一些问题。该国有史以来第一次出现男性寿命缩短的情况。随着科学家和技术工人不断移民，俄罗斯正在丧失其在技术上的领先优势。我们与俄罗斯的关系是敏感而重要的，二〇〇一年进入五角大楼后，我就如何处理该问题下过一些指令：“跟俄罗斯打交道，要从整体上把握。在政治和经济领域中，他们想要的是尊严、尊重、地位和有助于发展其经济的海外投资。”我把这一想法告诉了总统和其他国安会成员[①]，并指出：俄罗斯肯定有可能与我说的“伤病”国家结盟——朝鲜、古巴、伊朗、叙利亚和伊拉克。但我们若能适当刺激他们，或提出有建设性的方法，他们也许就会选择跟西方更亲近。我坚决认为，我方若能谦逊一些，双方的关系或许能更长久。他们对什么感兴趣，不需要我们指手画脚。因此，我跟伊万诺夫的关系一直都既融洽，又极具建设性。在考虑美国利益的同时，我也会努力从他的角度看待这个世界以及美俄两国。我想，一段时间内，这将有助于改善美俄两国之间的关系。

---

① 唐纳德·拉姆斯菲尔德，“与俄罗斯的会谈”，二〇〇一年七月十二日。参见www.rumsfeld.com。——作者注

同样，在不断入侵陷入困境的阿富汗期间，我也努力改善与该国友邻们的关系。那些自称“斯坦”的国家，大部分都未与我们建交。它们习惯了追随更强大的邻国——中国和俄罗斯。因此，我试着去思考，土库曼斯坦、吉尔吉斯斯坦、哈萨克斯坦、塔吉克斯坦、巴基斯坦和乌兹别克斯坦可能想从美国这里得到什么，我们可以采取什么态度，双方可能在哪些领域找到共同兴趣并实现合作。比如，美国若想维持在阿富汗的驻军，就需要这种合作。结果，那些国家在地空等权利上给了我们空前的支持。

在雇用员工时，类似方法也是有效的。看到他们的简历和背景信息时，我都会问自己：他们希望获得哪方面的发展？他们的期望符合我们的需求吗？哪种刺激才能让他们竭尽全力？我试着像思考自己的问题一样考虑他们的兴趣、关注点和看法。花些时间来考虑他人的希望和抱负——想他人所想——是很值得的。

无论是运动还是生活，都应有所储备。

我从摔跤中还学到，要尽量储备些东西。有时，一场比赛就取决于最后几分钟，就看你的“坦克”里还有多少存油，看你还有多少储备。如果一开始就全力以赴，那可能目标还未达成，你就精疲力竭了。在摔跤中，你若能在倾尽所有之前先让对手露出老底，就能占据有利地位。

沟通时，别觉得自己时刻都要发言。

同样的理念也适用于商界和外交界。例如，每次讨论都立刻拿出自己压箱底的绝活，一般来说是不大妥当的。明智的做法是提出一些观点，先看对方如何反应。通常来说，留些话不说对我们是有好处的。即便沉默会使气氛有些尴尬，也不要认为自己非发言不可。等一等，让别人发言，打破沉默。或许，这样能让你学到很多东西。

你一直都有两个选择：行动VS恐惧。——小萨米·戴维斯

我遇到过一些人生经历不同凡响的人，其中就包括演员小萨米·戴维斯，他与尼克松总统相交甚笃。出于共同的兴趣——他也对贫困和少数民族问题感兴趣——我和他渐渐熟悉起来。我任美国经济机会办公室主任时，他曾主动帮过我。

有“世界上最伟大的艺人”之称的萨米是非裔美国人，也是进军流行电影和电视秀的先驱。当时，那些电视节目的观众大多都是白人。二十世纪六十年代，萨米是弗兰克·西纳特拉著名的“鼠帮”乐队成员。然而，二十世纪七十年代初，在他已经过了事业巅峰期的时候，我才与他相识。一九七一年，他录了一首名为《糖果人》的歌。萨米跟我说，他不喜欢那首歌，因为它实在很傻。每次表演，他都会觉得不好意思。结果，你猜怎么着？那首歌成了人们最爱点的歌，也成了他再创辉煌的转折点。

萨米知道，生活给了我们无数机会。**遭遇挫折时，你应该振奋起来，整装待发，继续前进！**

我也学会了如何应对失望，而教会我这一点的，正是摔跤。高中毕业后，我继续在大学以及军队里摔跤。在海军服役期间，军队鼓励我去参加世界级的海军摔跤大赛。一九五六年的那场胜利，让我获得了角逐美国奥运代表队席位的资格。

在美国东部奥林匹克选拔赛的决赛场上，我的对手是马里兰州的顶级摔跤

手厄尼·费希尔。他比我更年轻，也更强壮，看起来我几乎毫无胜算。然而，比赛一开始，没周旋多久，我便瞅准时机使出背负式摔法，将他牢牢地钉在了垫子上。我记得，我第一回合便拿下了那场选拔赛，成功闯入最终的选拔。尽管前路漫漫，但我还是希望能入选美国国家队，并最终出现在澳大利亚墨尔本奥运会的开幕式上。然而，事与愿违。在与一位重量级比我高的选手练习时，我听见啪的一声：肩膀脱臼了。由此，我那小小的奥林匹克愿望便破灭了。

到那时为止，我已在这项运动上花了近十年时间，但命运仍然演变成了那样。当然，避免失望还有个办法，就是根本不去尝试。

当你年过八旬后，便不会怎么摔跤了。至少，一旦摔倒在垫子上，你可没信心还能自己爬起来。不过，从这项运动中学到的东西依然伴我至今：努力和结果之间的关系，衡量对手的重要性，从别人的角度思考问题，惊喜的好处，以及愿意迎接大挑战。如果尝试，就有可能失败。毋庸置疑的是，如果一开始就不想上场，那你肯定无法获胜。

第十课

与官僚机构的抗争

“官僚机构”这个词自出现以来，就一直让领导者们困惑不已。尽管该词常常是商业领袖和政府官员们的噩梦，但它还不足以带来恐慌。大多数情况下，都有避开它的办法。有时，这不过是个意愿问题而已。

一九八三年，里根总统让我到总统办公室一起讨论《联合国海洋法公约》。里根当选总统的两年来，参议院已经通过快速立法加快其批准速度。美国政府，包括国务院和国防部在内的所有相关机构也都纷纷表示支持。外交官们甚至筹划在牙买加举行盛大的签字仪式，并邀请一百多位各国领导人参加。一切准备就绪，只等总统本人签字。简而言之，这已是板上钉钉的事。

然而，里根认为《联合国海洋法公约》不过是一个新国际机构的夺权之举，他的任何决定都将不容置疑。所以，这项公约只会限制美国发展和使用世界海洋资源。当里根说他不会去签署这项公约时，所有人，尤其是国务院里的那些人都大吃一惊。

> 流行的共识最为顽固。
>
> ——玛格丽特·撒切尔

有个著名的独立官僚机构是由一批外交官组成的，他们会多国语言，有文化，有头脑，有经验，有敬业精神。久而久之，他们有时会忘记自己是美国的代表，反而会做出与其身份相悖的事来。我曾经在布鲁塞尔担任过美国驻北约大使，所以非常了解外交官们的感受。美国前国务卿乔治·舒尔茨总喜欢在新大使上任前把他们叫到自己的办公室，让他们在地球仪上指出“自己的国家”。无一例外，他们都会指向即将奔赴之地。然后，舒尔茨会和蔼地告诉他们，“自己的国家”应该是美国。

人们沉浸在另一种文化中的时间越长，与那个国家的领导者和人民的关系越密切，思维便越有可能发生改变。这种现象可以用一个词来形容：“外交官综合征”。代表某些人利益的官僚主义者们也会产生这种类似的短视行为。有时，这样的人并非他们代表的那些老板，也可能是经过民选的美国总统或公司董事会选出的执行总裁。

即便你是国家领导，阻碍任何大型组织的正常运转也不是件小事。因此，里根总统中断《联合国海洋法公约》的签署是付出了代价的。里根完成了其他领导者甚至不敢尝试的事。他勇敢地与一个历史久远的官僚机构做斗争，并最终取得了胜利。

然而，最重要的是：官僚机构依然存在。即便今日败了，它也仍会为明日的胜利埋伏以待。直到三十年后的今天，官僚主义者们仍在为该公约的签署而不懈努力。

如果要犯错，宁可触犯上帝，也不要招惹官僚机构。上帝会原谅你，但官僚机构不会。

——海曼·里科弗上将

我与官僚机构的首次冲突，发生在一九六九年我出任美国经济机会办公室主任期间。我第一次视察经济机会办公室大楼时，发现好几间办公室都挂着切·格瓦拉的肖像。他们似乎并不欢迎新总统理查德·尼克松的新政策。

多年后，在西尔列制药公司时，我手下不乏杰出的员工，但几十年来，这些人早已适应了某种固定的行为模式，将公司渐渐发展成了一家拥有许多不同业务的大型综合性企业。多年来，公司收购了几十家彼此关联不大的小公司。那些公司有些经营得很成功，有些则业绩不佳。与此同时，西尔列制药公司一直都在不断扩大其管理体制和官僚体制，以监督这些新吞并的公司。我的任务是让公司的重点再次回到药品研发上，卖掉诸多不合适的分公司，并精简监管那些分公司的官僚机构。

之后，便是我在国防部度过的那段时间。国防部是全球最大的官僚机构，仅五角大楼便有25,000多名员工。此外，驻扎在世界各地的军人和文职雇员还有大约300万人。推动国防部的官僚力量被称为“铁三角”——包括几乎端着铁饭碗的文职和军事雇员、国会议员以及国防承包商。根据经验，我总结出了几个应对官僚机构的方法。

当深陷鳄鱼群中时，你便很难想起自己的初衷是要抽干沼泽里的水。

管理国防部，就像在跟一块七百万磅重的海绵摔跤。——国防部副部长戴维·帕卡德

不得不承认，官僚机构是普遍存在的。即便一个组织中只有几个人，它也同样需要某种形式的官僚体制。IBM有官僚机构，芝加哥大学有官僚机构，甚至你们当地的教堂、工会或商会里也都有官僚机构。

但会自称“官僚”的人，我还从未见过。无论是公司的中层领导，还是上百万政府雇员，都不会介绍自己说“我是你们当地的官僚”，因为人们都认为“官僚”是个贬义词。事实上，职业外交官、情报官员和职业军人对我们国家的安全至关重要，他们应该受到我们的尊重和爱戴。他们往往也是官僚机构的受害者，尤其是在努力改善体制，以便充分施展自己的才华，节省纳税人钱财时，更是如此。

官僚机构天生便具有抵抗性。看看那些试图尝试新事物，却都以失败告终的领导者，你就明白了。事实证明，总有蠢蛋自己尝试了新事物后，却极力劝阻别人做相似的努力。然而，我们需要记住：按常规办事的并非坏人，他们也并不是有意阻挠领导的新举措。如果这么想，那你的压力就会小很多。反对一项新举措，并非总是阴谋的结果。

劳伦斯·西尔伯曼法官的外交定律同样适用于官僚机构：“每个政府在分析其他政府的行为时，总是夸大其行为的合理性，强调阴谋论；而低估其无能的程度，无视偶然性。”出现抵抗时，惯性总是大于敌意。

要想有摩擦力，就得先摩擦。——吉姆·埃利斯上将

有的组织工作效率低下，官僚作风横行，但每每有人试图去解决这些问题时，总有满足现状的人出面阻拦。抵制改变是人之常情。公司里，早前赢利时尝到甜头的工会或高管们便有可能抵制改变。因为他们在公司里几乎不可或缺，所以他们会变得越来越孤立。官僚机构越大，越不会为缺乏响应而付出什么代价。

官僚机构的员工们已经逐渐习惯了某种做事方式，这种习惯也许早在数年甚至几十年前，他们第一次来到这里时就开始了。以前，他们的工作的确符合该机构的运作方式，但随着时间的推移，他们开始渐渐跟不上变化的环境了。每当官僚习惯与现实需要脱节时，一些员工便会竭尽全力阻止改变——如今，发现新的未开发能源和新动机，已经直接与维持现状相悖。

久而久之，抵制改变的官僚机构便会工作效率低下，缺乏创造力和创新性。组织的中层员工想要自主权，好继续做他们想做并擅长的事，全然不顾它们是否有利于管理，或是否能满足顾客或美国人民的需要。最糟糕的情况是：这种做法可能会导致企业破产和政府瘫痪。

> 比尝试更难、比实施更危险、比成功更不确定的，是引进新秩序。
>
> ——尼科洛·马基雅弗利[①]

想要抑制“课桌规则”（官僚的字面解释），便会遭遇一项基本的物理法则：相互作用力。它曾击败过很多美国总统和公司老板。哈里·杜鲁门总统意识到德怀特·艾森豪威尔即将在总统大选中战胜他时，曾尖锐地预测道：“可怜的艾克，当总统可跟军中不一样。他肯定只会坐在那儿发号施令：‘把这个做了！把那个做了！’结果，什么也不会发生。这会让他非常沮丧的。”

每当回忆起自己当总统的那几年，杜鲁门总是不胜唏嘘。人们都认为美国总统是世界上最有权势的人，但那个高位与现实之间的差距是无比巨大的：“我整天坐在那里，劝说人们去做那些不需要我说他们也会去做的事……这就是总统所有的权力。”[②]

如果你不喜欢改变，就更不会喜欢与自己无关的事。——埃里克·新关上将

兰德公司是一家非营利性的智囊机构，负责评估和分析各种国内外事务。它曾受命撰写报告，分析美国越战失败的原因。我对那场战争很感兴趣。二十世纪六十年代中后期，当约翰逊政府全面升级那场战争，并渐渐因高昂的代价

① 意大利政治思想家、历史学家，著有代表作《君主论》。——译者注
② 彼得·罗德曼，《总统的命令》（*Presidential Command*），5页，纽约：克诺夫出版社，二〇〇九年版。——作者注

和依然不明朗的局势陷入困境时，我已经在国会工作，并目睹了席卷整个华盛顿地区的反战游行。

报告出自绰号“喷灯”的职业中央情报局官员罗伯特·科默之手，这位我随后会结识的官员曾在越南管理过与平民讲和并帮助其发展的活动。科默在那篇名为《官僚自行其是》的报告中称，制度上的惰性和一切照常的态度严重影响了美国的外交和国防机构。报告指责国家安全机构——尤其是国务院和国防部——不是不愿，就是没有能力适应东南亚丛林中的非传统游击战。此外，科默指出，美国军队一味遵从在欧洲战场上的对苏常规作战模式，即便失利，也不做出任何改变。从训练用兵、人事政策到战场策略，都依然采用相同的模式。

直到三十年后“9·11”恐怖袭击事件的发生，国防部才意识到需要调整自身，以应对二十一世纪非常规、不对称的安全挑战。

> 五角大楼就像一根漂浮在水里的原木，上面的25,000只蚂蚁都以为自己是掌舵者。
>
> ——哈里·罗恩博士

例如，五角大楼、媒体和外国盟友们都按军事装备数量的多少来衡量一个国家的军事力量。一直以来，我们都在沿用这种传统的分析方法。因此，当我提议重新部署美国在韩国和德国的部分兵力时，尽管这种改变是为了提高军队的实力和反应速度，仍遭到了两国和国会山的强烈反对。我们需要改变思维方式，不仅要考虑输入（船只、枪支、坦克、部队和飞机的数量），更要考虑输出（作战力量和能力）。只有提高技术水平和管理能力，例如精确制导武器和信息技术的运用，才能提升我们的实力。但在二〇〇一年，国会还没有充分认识到这些重要的改变。

这一过时的思维模式在阿富汗战争和伊拉克战争中更是显露无遗。事实证明，我们的军队需要重新组织、训练、装备，以适应不同的作战任务。我们的国家正面临着一系列新问题和新敌人，这些敌人包括在平民中行动、不遵守传统攻击方式或标准战争的无国籍恐怖分子和叛乱组织。

{ 你带上战场的，不是你期望拥有的，而是你真正拥有的部队。 }

比如，军队采购系统往往需要数年才能研制出一件新武器或新装备。这种速度显然无法满足当今不对称战场上瞬息万变的各种需求。我们的军队都是为了传统战场而大规模组织、训练和装备起来的，有明确的前线和相对安全的后方地带。伊拉克战场上最致命的东西是简易爆炸装置——自制的路边炸弹。我们的部队和海军陆战队习惯由薄车体的悍马（一种由吉普发展而来的车）开道进入战场。当简易爆炸装置成为致命威胁时，他们便着手研制高装甲悍马进入战区。二〇〇四年，这类新型悍马的月产量从十五辆迅速提高到几百辆。

我成立了一支反简易爆炸装置特遣队，综合运用所有新技术，以更好地保护我方军队免受致命武器的袭击。我请回已退休的蒙哥马利·梅格斯上将，让他来领导这支小队。因为梅格斯不需要担心升职或惹麻烦之类的问题，所以能直接与那些维持现状的阻力针锋相对。事实证明，他非常成功。五角大楼和军中的官僚体系无法对紧急的战场需要做出及时反应，因此我们需要建立新的工作机制来达成既定目标，并加快反应速度。

{ 任何军事组织都只有在万不得已的战场上才会发生根本性的变革。

——吉姆·伍尔西 }

并不是只有政府和军队才会遇到这样的挑战。无论是公共组织，还是私立机构，都会遇到类似情况——在已经为某项挑战做好准备时，突然遭遇完全不同的新挑战。尽管迫切需要做出改变，官僚机构中的成员们仍然可能抵制打断其常规做法的行动。在私营行业，一家公司能否存活下来，取决于其是否拥有适时改变的能力。然而，这种能力对政府来说无关紧要，毕竟政府是不会破产的。但上述两例都说明了一个问题：即便现实需要，“一切照常的态度”也不会迫使我们做出改变。

作为领导，你该如何应付顽固的官僚机构呢？首先，你需要认清自己的极限。没有一名领导能够或想要消灭整个官僚机构；没有一名领导会次次都处于优势地位；没有一名领导能够从根深蒂固的官僚文化下得到自己想得到的一切。我们不得不承认，**官僚主义的惰性和抵抗性是无法更改的事实。对此，我们只能在接受现实的前提下尽力寻求改变。**

要想掌握军中所有事，就跟用茶匙舀出波托马克河里的水一样难。

——亚伯拉罕·林肯

二〇〇一年年初，我在新总统的派遣下重回五角大楼，奉命改变这个全球最大的官僚机构。与二十五年前我离开时相比，这里已经完全变了样。二十世纪七十年代的国防部规模庞大、任务艰巨，从没有任何一个政府机构的规模能跟它相比。当时，我们仍处于冷战对抗中。相比二〇〇一年的五角大楼，二十世纪七十年代的五角大楼更高效，行动也更果断。首先，现在的国防部已经被各种文件淹没了。一九六二年，我初入国会时，国会给国防部拨款的批文只有一页纸。一九七五年，我刚出任国防部长时，拨款批文猛地增长到75页。二〇〇一年，这份批文更是暴涨到988页，里面写满了各种要求、禁令、规定以及制定规定的规定。此时，国防部长每年需要向国会提交的报告已高达905

份。然而，这些耗费了大量纳税人钱财，也给美国森林增加了不少负担的报告，几乎没有任何国会成员会读。美国众议院和参议院的535名议员每周——不是每年，也不是每月——都会给国防部发来2,500~3,000份询问函或投诉信。另外，我还找到了15,000多份积压在此、亟待解决的安全审查许可证。与此同时，现役军人的数量从210万减少到了140万。

> 管理美国海军，就像整天捶打一个枕头。当你精疲力竭地停下来时，它却毫无变化。
>
> ——富兰克林·D. 罗斯福

国防部还有很多不太合理或根本不合理的制度。这里有三套独立的信息交换系统，但没有国会的同意，我们不能将其合并。此外，国防部还有三套不同的医疗保健系统和三位分管海、陆、空三军的卫生总长。虽然文官治军是美国的一项基本政策，但国防部的组织结构及其由国会监管的事实让每一位国防部长的管理工作都极为困难，更别提为其中事务负责了。

跟小人国里的格列佛一样，国防部身上也绑缚着成千上万根线，有些是国会绑上的，有些则是作茧自缚。尽管格列佛没有被任何一个小人拉倒，但在众多小人的拉扯下，他也动弹不得。国会的各项规定加起来，就造成了国防部的迟缓、沉闷和效率低下。即便完成了什么事，往往也既超过了时限，又浪费了纳税人的钱财。结果不难想象，更多的投诉、限制和审计会从国会蜂拥而至，让国防部更难有良好表现。

> 难以解决的，往往是聪明人做的蠢事。
>
> ——法国大使弗朗索瓦·德·罗斯

改革官僚机构的方法之一是让公众去关注它遭遇的挑战。如此一来，媒体便能帮助其传达公众的意见，以促成必要的改变。面向公众，冒着名誉被毁的危险，这不仅向机构中的众人表明了你改变的决心，也为他们找到了前进的勇气。

近九个月后，我为五角大楼的数百名核心员工安排了一次演讲，大致讲述了我认为有必要了解的那些挑战。我的部分讲话内容如下：

> 我今天演讲的内容是严重威胁美国国家安全的敌人。这个敌人是全球中央计划的最后堡垒，它通过宣布五年计划来实现自己的统治。通过一个权力中心，它试图跨越时区、大洋甚至更远的地方，把自己的需求强加给别人。接着，它会继续残酷地扼杀自由思想，粉碎新思想。它会瓦解美国的防御，使军人们置身险境。
>
> 听起来它很像是苏联，但那个敌人已经消逝。我们如今的敌人更狡猾，也更顽固。你可能会认为，我正在讲述世界上最后的老独裁者，但他们的力量和规模都无法与这个敌人相比。而且，属于他们的时代也几乎已经结束了。
>
> 这个敌人就在我们身边，它便是五角大楼的官僚机构。我指的并不是机构内的成员，而是这里的做事方式；不是公务人员，而是体系；不是军人，而是我们频频强加给他们的统一思想和行动。

国防部自一九四七年成立以来，就被自己众所周知的锚链束缚着。层层管理不断叠加，重复的职责和烦琐的体系就像船体上越爬越多的藤壶。即便经历了二十世纪九十年代的大幅削减预算行动，浪费也已成为家常便饭。这是绝对不能容忍的。我们每浪费一美元，就意味着能用在军事上的钱少了一美元。训练、关怀军人及其家人、新型武器、新技术的研发等，都是军队的真实需求。

我的演讲题目叫“从官僚机构到战场”，原因也正在于此。我们需要避免浪费，将有限的资源投入提高军事实力中去，以满足当今信息时代安全挑战的需要。

听了我的演讲，有的人会很惊讶。但是我相信，公开讨论这些问题才是成功解决它们的唯一途径。

我演讲的时间是二〇〇一年九月十日。不管它是否得到了重视，都迅速被第二天早上的恐怖事件淹没了。有的批评家认为，“9·11”恐怖事件和接下来的战争会破坏我们改革的努力。事实上，战时状态起到的效果恰恰相反，它会激发一种新的紧迫感。这种紧迫感虽然平时也可能出现，但产生条件绝对要苛刻得多。

公司里的领导者接触到国家记者团的机会比政府领导者少，但执行总裁和高级经理们可以通过其他方式来运用相同的策略。他们可以在部门会议、公司会议、面向业务的时事通讯或公司其他的出版物上提出问题。

自上而下清晰传递的命令，再加上共识，便能营造出信任、信心和团结。

要成功地在官僚机构中工作，你不仅需要尊重同事，还要对人性有所认识。懂得人都会追求私利，是其中的一个重要方面。因此，你最好让他们明白，改变失败会带来的风险远比维持现状大。

我先后任职于国防部的经历有两个最大的不同。从二十世纪七十年代中期离开之后，到二〇〇一年再次回归，我发现国防部缺少了信任和信心。许多最优秀、最聪明的初级军官面对二十世纪九十年代的预算削减都选择了离开。那些留下的人则担心国家的政治领导们会低估自己的贡献。布什总统、切尼副总统、参谋长联席会议主席和我都试图让他们明白：我们会尊重国家军队及其职业特性。我们寻求的改变是旨在创建一支更高效的军队，一支更能应对二十一世纪威胁的军队。

至少从大体上来看，各部队的领导者们都比其他人更清楚这一目标。海军作战部长维恩·克拉克上将便尤有前瞻性。克拉克用所谓的舰队反应计划彻底改变了海军部署航母战斗群的方式。变化完成后，突发情况中可调遣的航母数量骤然增加到八艘，不仅大大改观了之前只有三艘航母可调的情况，也彻底改变了海军思考和应对军舰部署周期的方式。要知道，以前大多数航母都没有得到有效利用，三分之二的服役期都被白白浪费掉了。

另一个对抗过时之法的成功实例便是从根本上重组美国陆军。特种作战司令部退休上将皮特·斯库梅克再次回归，出任陆军参谋长。在他的领导下，我们对陆军进行了现代历史上最彻底的一次重组。斯库梅克将每支人数在15,000~20,000的师拆分为每支人数在3,000~5,000的战斗旅。规模更小、行动更敏捷、更容易部署的作战单位组成了独立而完备的、可互相转换的组织结构。正是这次组织变革确保了美国军队在阿富汗和伊拉克的行动。比如，旅级战斗队的创建，让二〇〇七年对伊拉克的增兵变为现实。改变军队数百年的光荣历史和传统并非易事。因为上级的信任和自身的信心，斯库梅克甚至被获准在遭遇抵抗时提前行动。

领导力在于让人赞同，而非强制命令。

早些时候，我召来负责语言学习的文职和军事人员，向他们询问国防部成员们学习外语的情况。结果，很多人在学法语——到十八世纪为止的一种外交用语言，学韩语的人比学中文的人多，整个部门只有五个人学乌尔都语。我认为这完全没有意义。如果访问巴黎和布鲁塞尔，法语的确有用——或许对作为美国驻北约大使的我来说，懂法语会较为便利——但若出于国家安全目的，一般不需要这种语言。我们需要更多人学习竞争对手和敌人的语言，他们都生活在具有重大战略意义以及可能爆发冲突的地方。

因为不能亲自了解我们到底需要多少人熟练掌握各种语言，我向国防部人事及战备副部长朱思九询问了顶级专家们认为在未来的十至二十年间，我们或许会有需求的语言是哪些，我们可能在什么地方面临什么样的局面。最终的想法是让军职和文职的高层领导们建议更改国防部的语言优先级。取得同意几乎永远比发布命令困难。**只有当人们理解了变化中蕴含的逻辑，“主动”发起需要进行的改变，他们才有可能竭尽全力执行新政策。**

说服别人相信他们是正确的，比说服其相信他们是错误的更容易。

想通过直接下命令的办法来让一个官僚机构行动起来，几乎是不可能的。即便是在军事组织中，情况也是如此。相反，领导力几乎从来都包含同意和说服这两个要素。毫无疑问，用罗纳德·里根的话来说，官僚机构最大的问题就是：“应付它们的难度，几乎不亚于如何才能获得永生。”一个组织的结构，其存在时间比任何一位领导都长。

如果你命令一个官僚机构做某件它不情愿的事，它保证能让你试图改变的尝试失败。或者，它可能从一开始就向所有人证明，它才是正确的。要不然，它就采取可靠的“慢慢磨”策略，因为机构的存在时间几乎都比领导长。他们可以表面上做出一副服从上级指导的模样，但实际上只做到最小限度。凭借这微乎其微的服从，最后改变也就不了了之了。

在我最后一次担任国防部长的六年里，我直接下达命令，而非传达美国总统明确指示的次数，估计一双手都数得过来。苏格拉底的问答法是个更为有效的方法：通过提出一系列问题，来逐渐达到你想要的那个结果。这也是我在五角大楼期间，发出了大约两万张“雪花便笺”的原因之一。在那些便笺中，用来提问的便笺比用来下达指示的要多得多。如果我下了什么具体结论或采取了什么具体行动，往往随后便会发出诸如此类的问题：“你能告诉我它出了什么问题吗？”“它为什么不对？”或“你认为怎么样？”比起直接下命令，这种做法的确更耗时，但更有可能达到预期效果。

想办法分散任务、裁减员工。

只有一位高层决策者不仅有可能削弱创造力和扼杀创新力，也无法像多领导的模式那般有效。在多领导的模式下，每位领导者都拥有决策权。虽然其中的一些人或许更愿意把难题上报，以逃避做出艰难决策的责任，但你一定要明白，组织是鼓励他们做此类决定的。

在五角大楼里，文职领导的职责核心便是：让已由参议院确认的确为总统任命的有能之士担任关键的领导职位。然而，我在那里的最后六年里，五角大楼却是在四十九个（即超过25%）关键高级职位空缺的情况下运行的。个中原因有很多：冗长的安全调查时间、延宕已久的白宫批准、美国参议院确认被提名者速度太慢、自然离职，以及说服人们离开私企，到政府工作会遇到的挑战。管理连参议院确认的任命者都不全的五角大楼，就好比用两根手指提起一架钢琴。不论你管理的是什么样的组织，有两件事都非常重要：**一是确认要达到你的目标，哪些领导职位是关键职位；二是确保你已经为这些职位找到了有能力并认可你的发展方向与办事节奏的人。**

向各个阶层的人寻求建议。

从员工的角度看待你的组织是有好处的。要实现这一点，最好的办法之一便是让那些并没有跟你共事的人每天都能来找你。人们担心和抱怨，应该都是有原因的。他们的担心可能之前已经被上级忽略。看看人们在忙什么、在担心什么、在想什么，以及他们或许会有什么样的点子。对于一名领导者来说，了解新东西和建立新关系都得花时间，但这么做是很有价值的。

向各个阶层的人寻求建议。伯尼·马库斯在担任家得宝公司董事长时，经常光顾他们的商场，查看每个展场的情况。我以前在国会的同事、已故的埃德·科克当市长期间，会在乘地铁或步行在纽约市大街上时隐瞒身份，向别人提出这样一个问题：“市长做得怎么样？”

在西尔列制药公司时，我每个月都会在员工餐厅吃几次饭，而不是待在我的办公室或跟别的高级主管吃饭。在五角大楼时，我经常步行穿过整幢大楼、在餐厅吃饭、在体育馆打壁球或开一场市政会议。在会上，任何个人或下士都可以向国防部长提问，或对其加以评论。只有走出办公室，你才能发现员工们的真实感受。问候一下他们的家人，并仔细聆听、认真学习。

发现的本质在于试错法。

实验不仅是发明的本质，也是获得商业成功和组织想法的关键。最成功的组织都会创造出欢迎冒险、改革和创新的环境。我在制药行业时，公司许多重要的创新都是紧随试错法和一系列走不通的死胡同而来的。从某种意义上说，虽然上述每种现象都可以被视作一种“失败”，但它能带来可供学习的宝贵信息。阿斯巴甜的发现便是试错法和一点儿运气的结果。据说一名正在摆弄两种氨基酸的实验室技术人员舔了下手指，以便翻页，结果感觉到一丝甜味。于是，彻底改变饮食业的阿斯巴甜便由此诞生。

如果要克服所有反对意见才能开始，那便只能永远都一事无成。

——塞缪尔·约翰逊博士

一九八三年，里根总统提出建立导弹防御系统，以保护美国人民不受苏联庞大核武库的威胁。国会、军备控制机构、不喜欢面对他国抱怨的国务院，甚至总统自己的部分员工，都对他的这项提议表示强烈反对。国防部也表示反对——因为它采取的是更为传统的武器系统，且并不想看到资金耗费在一项未经实验的新项目上。

二十多年里，里根的导弹防御系统一直都是个未竟之梦。然而，有时对付接连不断的反对意见，唯一的办法就是继续向前，即便要与之正面对抗，也义无反顾。因此，二〇〇一年，乔治·W. 布什政府提出了打破政治、官僚制度和法律上的僵局。首先，总统必须要准备退出一九七二年签署的旨在限制美苏构建洲际弹道导弹防御系统的《反弹道导弹条约》。该条约是冷战的遗物，通过将“同归毁灭论”制度化，来达到阻止核冲突的目的。我们成了首届致力于真正建立起导弹防御系统的政府——我们最有可能遇到的是攻击，而不是最初设想的数百枚洲际弹道导弹。我知道，一开始就建立起完美系统的可能性很小。相反，我们采用了来自硅谷的“螺旋式发展法”。

在诸如计算机软件这类高科技行业中，要开发更先进的系统，“螺旋式发展法”是一种久经考验的方法。软件的早期版本一出现，就会发布到用户手中。然后，用户们便会提供反馈，以便其在下一个版本中得到改进。因此，软件一直都在经历着这种不间断的重复修改过程。微软的Windows系统软件有几十个版本，每一个新版本都会有所改进，修复前一个版本中的大小问题，并提高相应的性能。同样，苹果公司如今也开始研发第五代的iPhone手机。

官僚机构里的人最擅长一成不变，维持现状是他们的唯一目的。然而，我们依然顶着诸多批评，继续测试和改进导弹防御系统，而非等到有了“最终成品”才开始进行想做的一切。被媒体和国会批评的“失败”一直未曾间断，因为不出所料，早期的那些努力无法立刻臻于完美。然而，批评者们漏掉了重要的一点：每一次“失败”的尝试都提供了有用的经验和数据，让我们终于拥有了可靠的导弹防御系统。如今，有了阿拉斯加和加利福尼亚的拦截站，我们已完全有能力抵御核恐吓。

记住“牙尾比率”。

任何想在官僚机构中披荆斩棘、爬上高位的人，都得明白一个重要概念：“牙尾比率”。在军中，此概念指的是维持前线军队（“牙”）的供给，需要多少后备力量（“尾”）。对于根本目的甚至存在原因都取决于“牙”的组织来说，“尾大不掉”不仅会浪费组织的资源，也会降低组织的效率。诀窍在于：**在前线能正常运转的情况下，尽量减少后备力量的人数。**

尽量做出能自动生效的解决方案。因为越思量，耽误的时间就越久，耗费的资金就越多，组织的规模也会越来越臃肿。

二〇〇一年，我发现国防部成千上万的成员中，直接跟战斗行动有关的人（“牙”）仅占14%。剩下的绝大多数成员（“尾”），要么提供行政支持，要么就正在从事跟战争关系不大或毫不相干的事。这些人便是在不损害整体作战实力的前提下，我们可以裁减的人。

每个组织都有一线人员，为组织带来价值的，正是这些处于矛尖的人。首先，弄清楚到底需要多少人来支持他们，然后继续努力，看看是否能在无损现状的情况下删减“尾巴”。

减少管理层级，它们只会拉开公司高层和顾客之间的距离。

随着时间的推移，任何组织积聚的人数都有可能超过需求。这些多余的人通常都挤在中层，成天忙着监督下面的人。如果中层越来越臃肿，有时就可能出现失控状况。不知不觉间，公司里便出现了一大群层层监督别人的人。

对政府来说，这种现象虽然并不罕见，但也颇为独特。二〇〇一年，我返回五角大楼后，曾问过国防部长和一名前线军官之间差了多少级。听到答案时，甚至是我，都感到惊诧不已。答案是：国防部长和那名军官之间存在十七个管理层级。

大部分中层官员都有十至十六年的从军经历。他们完全有能力做决定，根本无须征求十六个不同层级领导的批准。说得更确切些，我们都知道“基地”组织要做一个决定，肯定不需要经过十七道批复。他们分为一个个联系紧密的小组织，因此，行动速度比庞大而官僚化的美国政府快得多。在这一点上，敌人无疑占据了优势。

我建议，任何组织的领导者都应该确定：他们与执行组织基本任务的那些人之间差了多少级。他们很有可能会发现毫无必要的管理层级。试着取消那些层级，或给那些人安排点儿更有成效的事做吧。

律师就像海狸，会跑到河中筑坝拦水。

在开始谈论律师前，我要先坦白一件事：我是名法学院的辍学生。在法学院，我虽然成绩不错，也很喜欢所学的东西，但最终还是觉得法律事业不适合我。对那些在华盛顿工作的人来说，那么早便像我一般得出该结论的，不过是极少数人而已。或者，至少有时看起来的确如此。我从未见过别的什么地方像这里一样，有那么多拿着法律学位，却不从事法律职业或压根儿对法律不感兴趣的人。而且，这种律师似乎会扎堆，只要发现一个，立刻就能蹦出一堆。

我们为何需要这么多律师？很简单，因为我们生活在全球最喜欢诉讼的国家。当我还在国际电机工程公司——布朗-勃法瑞有限公司董事会任职时，管理层便考虑到了这一点。他们必须修建新工厂时，往往都不会选择美国，原因之一便是：这里律师泛滥。

在美国这样偏好诉讼的社会里，领导者们自然会寻求法律咨询。不过，这种现象也有弊端。国防部有个至今都令我震惊的统计数字：五角大楼有一万多名律师。这个数字到底有多惊人？那好吧，想想看，五角大楼的律师竟比司法部的还多！和任何人一样，律师们都喜欢忙碌。因为五角大楼总有很多无聊的诉讼，所以国防部从上到下各个部门都不得不就一个又一个问题寻求法律咨询。一名律师的建议可能是有用的；两名律师的建议即便针锋相对，有时也不无坏处；但一万名律师——好吧，这就跟物极必反相去不远了。

在任何组织中，律师人数过多都有可能引发问题。根据定义，律师的职责在于建议，指出哪种行为才合法。不久以后，打着“保护”部门的旗号，律师们很有可能变成任何行动的障碍。

律师的建议对军官们的确有用，但我担心律师已经开始替决策者或前线的人做决定，而非向他们提供建议。如果你发现组织中的律师在做决定，而非为决策提供建议，或许你就得裁掉一部分律师了。如果你真的需要一大群律师处理组织中的所有事务，那等待你的，或许便是新的难题。

有时，必须要杀鸡儆猴。——中国谚语

当你需要直接跟某项制度大战一场时，想想拿破仑说过的一句话："如果你打算攻占维也纳，那就不要半途而废。"与官僚机构大战一场却溃不成军的人，几乎没有勇气或力量再战一次。

在五角大楼，我们与官僚制度最艰难的硬仗之一便集中在国家安全人事制度的建立问题上。因为规则、条例和工会，一名文职领导很难雇用、开除、提升、奖励或调动文职雇员。如此一来的结果便是，一名管理者在需要完成某项特定任务时，只能调派军事人员或将其交给承包商。他们会这么做的原因是完全可以理解的——军事人员集结迅速，任务完成之后又能立刻撤离。同样，承包商也具有类似特点。然而，文职雇员们却很难做到这一点。

毫无疑问，这么做的结果就是浪费纳税人的钱。国防部给文职雇员们发薪水，却因为不能有效管理他们而将其忽略。更糟的是，国防部不仅抽调军事人员执行文职任务，还将本应由文职雇员们完成的任务外包给承包商。

工会领导们有充分的理由不愿更改他们帮助建立起来的现存制度。对他们来说，现状没什么不好。但二〇〇五年，我们经过一番长期斗争，终于成功实施了新的国家安全人事制度，该制度引进了私人企业中常见的"绩效薪酬"概念。不过，筹备这件事花了我们数年时间。

虽然我们需要的并不仅仅是一项新制度，但它也是个开始。遗憾的是，我离开国防部后，这场胜利却丧失了大半。也许，国防部中的其他人以为这场战斗已经圆满结束，或者他们可能并没有领会到我们所做之事的重要性。不论出于什么原因，那项新人事制度的所有关键条例都已被政府工会成功推翻。如今的国防部几乎又回到了原点，要想再次开战，还需很长一段时间。毫无疑问，这场战斗带给我们的教训是：即便在与官僚机构的对抗中打赢一场硬仗，你也无法再打第二场。

我要强调的是，像国防部——读到这里，作为读者的你要是认为管理国防部实属徒劳，绝不会有人怪罪于你——这般偏狭顽固的机构，都不乏真正杰出的人才。无论是军职还是文职，事实上，有识之士何止百万。他们勤劳、机智，献身于保护美国人民的伟大事业中。250万在役军人都是志愿者，他们都是训练有素、动机良好、具有奉献精神和爱国精神的典范，任何组织都可以将他们视为榜样。总的来说，美国军队有可能是全世界最杰出的领导机构。

第十一课

军中的启示

华盛顿、格兰特、巴顿、马歇尔、艾森豪威尔和尼米兹都是成功的领导者，但这些人的个性和生活方式迥然不同。与乔治·华盛顿同时代的人都说，他是个拘谨守礼的人。乌里塞斯·S. 格兰特则十分低调，林肯曾经说过，“他是最不会小题大做的人。估计他都走进房间一两分钟了，我才会意识到他的存在”。相反，巴顿就十分高调，他总是昂首阔步，阵仗十足。他深受士兵爱戴，但也曾因为斥责和掌掴一名士兵而饱受诟病。

乔治·马歇尔保守拘礼，据说美国总统直呼其名，都会让他大为光火。相反，艾森豪威尔最鲜明的个性之一就是和蔼，加上敏锐的政治天赋，他足以应付那些极为自我的人，以及联合作战中的任何国际竞争问题。

珍珠港事件后重建了美国太平洋舰队的海军上将切斯特·尼米兹高中都没毕业，却进入了美国海军学院。甚至在成为五星上将（美国历史上只有几个人获此殊荣）后，他才拿到高中毕业证书。尼米兹坦言，第一次执勤时，他“严重晕船”，于是没过多久，他的船便搁浅在了马尼拉湾。要是放到今天，这完全是个能葬送其职业生涯的大错。他一点儿都不介意有人比他更耀眼，比如第二次世界大战太平洋战区的两个传奇人物——道格拉斯·麦克阿瑟上将和绰号“公牛”的海军上将威廉·哈尔西。

一个组织，如何才能调和这么多个性迥异的人，让他们顺利共事呢？两个多世纪以来，美国军队做的就是这件事。它竭尽所能，不仅培养出了无数优秀的军人，也培养出了不少杰出的领导者——哪怕在时间极短，所获信息不全甚至不准确的情况下，他们也能迅速做出正确决策。

想一想，这是多了不起的壮举：每年，我们的军队都会从全国各地征召成千上万名新兵。这些人背景各异，教育程度也参差不齐。短短数月，便要让他们通过各种训练，最终组成一支有效的作战分队；要让他们将自己的事业甚至生命交付给那个岗位；甚至，如有必要的话，还要让他们投身战场，为保卫祖国以及自由世界抛头颅、洒热血。

当有人想强调某个组织的优势时，难免会有别的人出来挑毛病。和其他组织一样，美国军队也有一些不堪回首的往事：糟糕的决策、周期性的丑闻，甚至犯罪——美莱村大屠杀、阿布格莱布监狱虐囚事件，以及新近一名美国士兵涉嫌谋杀十六名阿富汗村民的暴行。不过，幸好这些都是罕见的例外。

> 一场战争，无论如何开始，都必定会决出胜负，惨烈收场。这件事既无法取巧，也没有任何捷径。
>
> ——约瑟夫·史迪威上将

在军队中，一旦有人犯错，就会受到惩罚。领导者若决策失误，也会仔细检讨，避免再犯同样的错误。总的来说，不管以何种标准衡量，美国军队都是个很成功的组织，能不断让年轻人成长为领导者。有些人想在其他领域成长为卓有成效的领导者，对他们来说，军队的某些经验也是值得借鉴的。

我们的军队之所以能如此成功，原因之一就是：集体荣誉感带来明确的目标意识。

如前所述，一九四一年年底，我父亲在芝加哥一家房地产公司任职，从事租赁方面的工作。两年后，第二次世界大战期间，他在太平洋战区一艘航母上任夜间舱面值班员。这样一个年近四十、毫无作战经验的公民，有谁能仅培训他数月，就将战舰上的几百条人命都交到他手上？

战后，不时就有人向我父亲提出这个问题。每次，他都会毫不犹豫地回答道：“军士长。”那些老练的水手是美国海军中的老兵。严格说来，我父亲是军官，所以级别比他们高。不过，教会他以及其他新入伍的军官如何履行好职责的，还是军士长们。

十年后，我以一名年轻候补少尉的身份在“威斯康星”号战列舰上开始了自己的第一次夏季巡航。那次经历让我切身体会到，要让这样一艘主军舰正常运转是件多么复杂的事——牵涉人员众多，各个环节都极为精细，即便是设备上最微小的零件，也要仔细检查。就连只有一名飞行员的单引擎飞机，也需要数十人的支持和维护。很快，我便体会到了那些先入伍的领导者——军士长们的重要作用，是他们将入伍新兵们培养成了团队中可靠、有用且极少犯错的成员。美国军队的中坚力量，就是这些军士长。

每个组织都有这样一些人：他们或许没有身居高位，却非常资深，组织里方方面面的信息对他们来说都跟交通规则一样熟悉。他们饱经磨难，能为更年轻的有志领导者们提供宝贵意见。一个组织的记忆，就在这些人身上。**找到这些人，听取他们的意见、向他们学习、给予他们应得的尊重，你和你的组织都将受益匪浅。**

每年都有成千上万名入伍新兵和初级军官完成训练，逐渐欣赏并接受正式的规矩和精准的着装，接受熨烫平整的衬衣和裤子、擦得锃亮的鞋子，以及干净利落地敬礼。这些年轻人都遵循着严格的行为规范。在这里，许多日常生活中司空见惯的事都会遭到惩罚：邋遢、拖拉或无视上级的命令。

那些参过军的人或许会认为，这种系统化的做法过于强调细节，或太拘泥于过时的道德标准。他们也许会问，一粒纽扣有没有系上或持枪的方式标不标准，能有什么大不了的，只要知道这些东西该什么时候用以及怎样用，不就够了吗？战斗中，谁会在乎士兵穿什么？

美国军队有充分的理由格外重视礼节、行为准则、纪律、精确性和守时。首先，制服有助于人们在混乱的战场上认出自己的战友。注意琐碎的细节，意味着你也不会在大事上马虎。比如，一名能保持裤子平整的军人，他的枪管势必也是干净的。如果这是名飞行员，那他一定会仔细核对自己的着陆检查单。

对军队来说，迅速有效的沟通、使用同一种精确的语言和选择同一个参照系也至关重要。在一八五四年那场臭名昭著的战役[1]中，就是因为一条模棱两可的命令和一个指向敌军的模糊手势，导致两百多名冲锋的英国轻骑兵丧生。精确是事关生死的大事。确定纬度和经度时，缺了一个数字都有可能导致炸弹投向错误的目标，甚至击中友军。一名飞行员，即便仅仅超时五分钟，也会导致一次集结失败。

在新兵训练营或军官训练学校里，你很快便能学会一句话："没有任何借口，长官。"守时不仅是礼貌，也是迫切需要。当你和你的战友们肩负别人性命时，你们就必须要准时到达指定地点。同样的战术和演习，新兵训练营会反复操练多次，直到受训人能接近完美为止。他们要学会整齐划一，也要学会列队进场。当然，这种情况几乎不可能出现在战场上，但传统和练习教会他们服从命令，以及如何成为集体的一员。

在任何组织中，有助于训练新人和设立明确指导方针的文化，灌输的都是集体精神和有效性。有些日本和韩国公司会定期组织体育锻炼，让每个人参加。上至执行总裁，下到维修工，无一例外。很多组织还会制定指导方针、道德简报，或要求员工们阅读并签署标准作业程序。这样，他们就十分清楚自己应该做什么了。有些公司有简短的箴言和宗旨，并通过不断重复这些话，让员工们逐渐理解公司看重的价值观，并将其体现到自己的工作中。结果，成功发展并维持住一种企业文化的组织，不仅能比个体员工更持久，也能为新成员设立清晰明了的规则。

不要死等上级、同事或员工们的反馈。

尽管倡导个体要不惜一切代价维护集体利益，但美国军队也会保护个体的

① 指的是一八五四年十月二十五日的巴拉克拉瓦战役。——译者注

优势、首创精神和个人成功。士兵、海员、飞行员和水兵若有英勇行为和杰出表现，都能获得奖章。经过一系列评估，上级签发“合格报告”后，他们便能获得晋升。上级会评估他们的表现，并有系统地提出建议，帮助他们在逐级晋升中不断提升自己的领导能力。

考察某人时，一些校官和士官长会分别跟与他同级的人以及他的上级和下属谈话，了解他们对此人的看法。在做出影响他未来的决策时，这些都是十分宝贵的意见，有助于了解此人的优势和缺点。一些私人公司的人力资源部门也会采取类似的方法，他们称其为“三百六十度反馈”。

不仅个人要进行自我评价，几乎每场重大训练和实战操练后，也要进行自我评价。军队会进行“战果报告”和“经验教训分析”，总结得失，并找出值得改进之处。在军中，自我审查和自我分析是交替进行的两个项目。在某项任务中，即便每件事似乎都进展顺利，你可能也会发现其中意外事件占的比例较大。如果没有战果报告，便无法真正从中总结经验、吸取教训。

无论做什么事，人们都想知道自己完成得怎么样，以及怎样才能做得更好。如果老板除了感谢或表扬不提任何其他意见，那你便很有可能在工作上毫无长进。**一名优秀的老板会定期就员工的表现提出有建设性的意见。**

然而，员工也不必依赖或死等这些意见。**任何想提高自己技能的员工都可以约谈老板。**可以至少一年约谈一次，也可以在完成某件大事后征求他们的指导或建议。这些问题都是值得一问的：有我应该做却没做的事吗？有我应该听却没听的意见吗？如果你能付出一定努力，强迫自己去回顾和总结你或你的组织已经完成的事，那么，当下次再被指派去执行同类任务时，你就能准备得更好。一个能提供此类反馈意见，并定期花时间批评成员的组织，其领导能力就将得到全面提升。

一系列命令后，不要再下达任何补充命令。——海曼·里科弗上将

“9·11”事件后，布什总统立刻下令全国所有飞机停飞。此条命令下达后，任何仍在空中的飞机都将被视作潜在的威胁。那天下午的某一时刻，两架飞机向我们发出“被劫机”的代码，称他们正驶向美利坚合众国。

在五角大楼指挥中心里，我想起那些接到命令在新建首都禁飞区上空巡逻的年轻飞行员。他们被赋予了“预热武器”的权力。简而言之，根据交战规则，他们有权向任何可能被劫持或可能威胁到重要目标的飞机开火，即便这么做的结果是杀死机上一百多名美国平民，也在所不惜。

我们理解这些飞行员需要做出的决定有多么重大。他们中的一些人不过才二十几岁，却可能在瞬息间就得做出会对国家产生重大影响的决定。那一刻，逐级上报并获取上级指示是完全不可能的。我希望我们已尽全力为他们提供了最清楚、最明智以及操作性最强的规则，让他们在看到驶向诸如美国国会大厦或白宫的飞机时，能做出何时开火以及如何开火的决定。参谋长联席会议主席空军上将迪克·迈尔斯非常自信，称即便面临那般困境，那些飞行员也不会退缩。他们都训练有素，会执行合法命令。

发号施令的将军，一个就够了。——戴维·劳埃德·乔治

美国军队等级森严。处在顶端的人之所以能身居高位，都是有原因的。他们的意见是有效力的，他们的命令也是必须服从的。一系列清楚明晰的命令能带来凝聚力和一致性。要想让军队普遍实现训练有素、协调一致和领导有方，

这两点就是必不可少的因素。每个穿上制服的人、每位军官，以及每个应征入伍的人，都很了解上至总统和国防部长，下至班队的指挥系统。他们知道应该服从谁的命令，以及给谁下达命令。

{ 缺乏一致性的东西不保险。 }

责权分明也让想寻求指示的人知道该向谁请示，以及该服从谁的指令。在民间机构中，任何一个自上而下的完整系统都不可能存在相同的职位。尤其是最近几十年，很多公司都更加随意，分级越来越少。但所有成功的、领导得当的机构，都一如既往地具有团队精神、指导明确，且无一不关注细节。

军队的一个显著特点是：在任何情况下，那些身居高位的人都是从底层一步步爬上去的。每个三星或四星将领，都曾是领徽上只有一道金条的初级军士。而某些最杰出的高级将领，在还未晋升军官的服役期受益良多。比起很多私人企业的执行总裁，他们对下面各阶层的适应能力要好得多。

有意思的是，最近几十年，一些公司要求高管们从底层了解公司的运作。比如，美国捷蓝航空公司让经理们体验乘务员和行李员的工作，以便更好地了解公司业务；欧莱雅化妆品公司市场部的员工们得连续数周在购物中心以及其他会出售其公司产品的柜台工作。

当然，这么做也存在风险，可能会让身居高位的人为下层琐事所累。现今的科技，比如电子邮件和其他即时通信手段，已经能让领导者们尝试微观管理。比如，我在五角大楼的时候，阿富汗或伊拉克的军事行动便有即时录像了，但我常常放弃那些观看的机会。我发现，问题在于，五角大楼的高级军官和国防部长都在预测正在进行的行动。不论是在军队中，还是在商界，这种行为都是很危险的。**经理们应该让处在一线的人做决定，让他们犯错，并从错误中吸取教训**——正如他们当年经历了这一系列过程，才爬到今天的位置一样。

存活下来的不是最强大或最聪慧的种族，而是对变化反应最灵敏的种族。——对查尔斯·达尔文的解读

过于严格的权威制度和集权统治会让一个组织变得呆板无趣。的确，历史上不乏这样的实例：僵化的军队在面对更灵活、更坚决的敌军时，往往铩羽而归。比如：波斯人对阵希腊人；大英帝国军队对阵被殖民的美国军队；二战之初，法国军队对阵德国军队；阿拉伯军队对阵以色列国防军；以及早年越战中的美国军队。

正是在坚持原则和忠诚的基础上鼓励反对意见，让美国军队有别于其他军队，甚至一些美国的民间机构。这种在各阶层都倡导独立思考和个人判断的文化，让级别最低的领导者都承担起了责任。二十几岁的初级军官和现役军人们会定期面临生死抉择，或需决定如何处理价值数百万美元的武器。相反，因循守旧、自上而下的苏联管理模式则几乎不给下级任何权力，也不让他们承担任何责任，只要求他们严格执行上级命令。

美国军队是一处绝佳的训练场。这里培养了年轻人的快速反应能力，并让他们懂得：任何时候，环境都可能会要求他们调整自己的既定思维和惯常行动。很年轻的军人也可能被委以重任。他们会遇到需要独立判断、不断尝试，甚至犯错的情况。这能让他们学会适应和创新，学会这件他们应该做到的事。

美国军队的大部分成就都源自这种根深蒂固的适应和创新能力。用电报实现远距离即时沟通，以及用铁路运输人力和物资，让联邦军在南北战争（在一个名叫亚伯拉罕·林肯的前铁路诉讼案律师的支持下，这是第一场运用到铁路的战争）中占了上风。最近，特种部队与中情局特工的联合，加上美国空军的

精密制导武器，组成了二十一世纪的新型作战方式。这种极具革新性的作战方式颠覆了塔利班政府，让“基地”组织逃离阿富汗。

在商界，适应性也同样重要。自由市场体系的基础是竞争。能以低价提供优质产品的公司，就有望获得市场份额，取得胜利。然而，胜利几乎都是短暂的，无法永恒。竞争对手们一直都在努力追求更低的价格。所以，不存在永恒的竞争优势。经常革新的公司才是成功的公司；吃老本的公司只会渐渐没落，最终倒闭。

攻击和防御相辅相成，没有什么是一成不变的。

每个组织几乎都有竞争对手，有时候甚至还有敌人。最优秀的领导者懂得，竞争能让他们的组织变得更好。在军中，我们会严密监视敌方，并仔细研究他们。俗话说得好：敌人让你变得强大。一个较弱的对手要想幸存的话，就得找到对手的弱点。敌人是有脑子的，他们也会猜测我方动向，对其策略做出相应的调整。

一九八三年，恐怖分子在贝鲁特的一个美国海军陆战队军营引爆了一辆装满炸药的卡车，致使241名美国海军和海军陆战队成员丧生。我方立即做出反应，在黎巴嫩各美军营房周围建起水泥路障，抵御类似攻击。这招儿有效，但敌人也迅速做出调整，改用火箭筒越过那些新建的路障命中目标。美军和联军的对策就是在使馆大楼外布下铁丝网，弹开袭来的火箭弹。恐怖分子见状，开始启用狙击手，并远距离引爆炸弹，袭击进出此处的美国人。简而言之，敌人也在从我们身上学习经验。美军的每次部署，他们都会找出相应对策。知道自己无法在战场上击退美军和联军，也知道不论是海战还是空战，他们都毫无胜算，所以，他们采取了大量非对称攻击，并希望这种攻击经过美国媒体的大肆报道后，美国民众和国会代表们能迫使美军撤出黎巴嫩。最后，他们如愿以偿。

美军在阿富汗和伊拉克也遭遇到了相同情况。面对美国强大的大规模杀伤性武器，敌人们采用了非常规的不对称作战方式，例如小规模的恐怖组织。敌方甚至利用民主来对付我们。比如，他们不袭击重要的军事建筑，而是向夜总会或警务哨所投炸弹。之所以这么做，并非因为这能在战场上击退美军，而是因为他们深知，媒体对那些屠杀的报道会让民众和政府代表们丧气，削弱我们继续坚持下去的决心。

不论昼夜，时刻保卫每一处都不受恐怖袭击是不可能的。“9·11”事件后，布什总统坚决认为成功打击恐怖分子的唯一方法不是抵御，而是主动出击，原因就在于此。他认为，我们应该对所有恐怖组织以及那些藏匿或资助他们的国家施压。若一味防御，我们就会失去如今这个开放、自由的社会。列宁曾经说过，“恐怖主义的目标是实施恐怖统治”。对他们而言，造成伤亡和杀戮虽不是唯一目的，却是其中的一部分目的。恐怖主义想方设法地恐吓我们，改变我们的生活方式。如果我们真的退而成为“美国堡垒”式集权国家，才真的让他们称心如意了。

如果你的敌人正在犯错，不要制止他。——拿破仑·波拿巴

在伊拉克西部一些逊尼派村庄被“基地”组织控制的那段时间里，足智多谋的美国士兵和海军陆战队成员仔细研究了这些逊尼派村庄对其统治的反应。直到那时，逊尼派不仅坚决反对（有时还会诉诸暴力）伊拉克出现联合政府，也大都抵制伊拉克民选政府。但“基地”组织成员实施的高压政策和残暴统治，使其失了不少逊尼派人士的心。因此，美军向某些逊尼派部落首领伸出橄

榄枝，赢得了他们的支持。于是，二〇〇六年的“逊尼觉醒”运动应运而生。加上其他一些关键因素——比如，不断壮大的伊拉克安全部队和越来越成熟的伊拉克政府——战争局势开始扭转。此外，数月后，布什总统魄力十足地增派了三万美军，终于使伊拉克的“基地”组织难以为继。

对指挥官来说，假设敌人会在某一特定情况下以某种方式行事，是最不可饶恕的错误。

在商场上，研究你的竞争对手，预测他们可能会做出的革新，往往便能决出胜负，因为那种革新可能会让你的努力付诸东流。研究竞争对手，也可以促进公司研发有利的新技术。在我还是西尔斯·罗巴克公司董事时，我们注意到一家低价供应各色商品的公司。董事会中的一些人似乎毫不在意这家相对来说较新却发展迅速的公司。在他们看来，对已有百年历史的西尔斯·罗巴克而言，这样的对手根本不足为惧。任何公司，只要在相同的市场出售跟西尔斯同样的商品，就是竞争对手。此处的这个对手是家总部位于阿肯色州的公司——沃尔玛。

在汽车行业里，日本汽车制造商花了数年时间仔细研究成功的美国同行，看他们卖什么、不卖什么，换句话说，就是看消费者需要什么。我们发现日本车在美国的销量有所增加，却等了太长时间才去真正适应这种情况。如今，对每个开着车行驶在美国大小公路上的人来说，结果都不言自明了。正如温斯顿·丘吉尔所说：“再忙的指挥官，也有必要考虑敌人的动向。”

只能由任务决定联盟，不能由联盟决定任务。

二〇〇一年九月十一日后不久，我在自己的五角大楼办公室单独约见了以色列前总理本雅明·内塔尼亚胡。当然，不久后，他还会再次当选。我们就针对美国的恐怖袭击，已经在军事和外交上做出的努力展开了讨论。

我们注意到，美国需要若干联盟，以应对各种不同的挑战，比如阻止大规模杀伤性武器扩散、解决盗版问题、打击"基地"组织和恐怖组织，或推翻支持恐怖主义的国家。美国的历史决定，我们必须要尽可能建立起最广泛的国际联盟，即便这意味着允许联盟来决定美国的目标。随着交谈的深入，有件事变得越来越清晰：美国最好不要受一个也许能决定何种任务才符合美国最佳利益的大联盟约束。

相信我们认为符合美国最佳利益的任务，也会取得所有国家的认可，是非常盲目的。相反，我们应该先确定一项任务，然后再去寻找支持这项任务的国家，而不是反其道而行之。

你如果选对了人，并让他们训练有素，他们就有可能成功。

不久前，一场任务刚开始就出师不利：起降区不大，一架直升机刚起飞便撞在了旁边的一面墙上，索性飞行员技术成熟，并未造成人员伤亡。然而，因为这是场精心策划、演练多次的袭击，而且也已将任何可能的突发事件都考虑在内，所以队员们都迅速适应了情况，确定他们依然能完成目标：击毙"基地"组织高级领导人奥萨马·本·拉登。

毫无疑问，美国海豹突击队是世界上最精锐的部队之一，因为他们经过了极为严苛的考察和持续不断的训练。海豹突击队队员们都骄傲地在制服上佩戴着三叉戟徽章。每年，会有数千人接到邀请，竞争这枚他们梦寐以求的徽章。在二十四周的时间里，受训者们要经受住加利福尼亚州科罗纳多的基本水下爆破训练。他们得举着橡皮艇跑数英里；得在海浪中遨游；还得适应缚上双手，潜入水塘。他们要经历最痛苦的训练，承受压力极大的测试，且几乎完全没有时间睡觉。

在为期六个月的训练中，“地狱周”是最难熬的。此时，他们每天的睡眠时间不足四个小时。训练和测试的节奏让大部分雄心壮志的队员都崩溃了，而剩下的那些，则都几近崩溃边缘。因体温过低而瑟瑟发抖的时候，毯子、热咖啡和再次得到温暖的承诺诱惑他们放弃成为海豹突击队的一员。在某些基本水下爆破训练班里，这些精挑细选出来的新兵，有90%都选择了放弃。①

对于一名海豹突击队队员来说，即便获得了三叉戟徽章，也要继续训练。退役前，海豹突击队队员们都得不断接受各种磨炼身体和心智的训练。一名海豹突击队队员的目标，就是成为最优秀的领导者。即便是在队中，成就和表现也是要分等级的。他们要继续通过评估，接受反复考察。他们在战斗中的表现都在其战友和上级的严密考核下。表现优异的人会竞争更优秀的团队，比如美国海军特种作战发展群，即我们通常所说的海豹突击队第六分队。

乍看之下，这支精锐部队似乎并不能教会我们这些普通大众什么东西。让这些特种部队队员——以及与其类似的陆军三角洲特种部队、空军战斗控制小组和海军陆战队特种作战司令部队员——卓尔不群的，并非发达的肌肉。美国特种部队的某些特点，让他们尤其擅长培养领导者，并在最严苛、最危险的条件下取得非凡成就。

首先，特种部队的队员们能从混乱中创造秩序。他们之所以接受如此苛刻的体能训练和心智训练，就是因为这些训练模拟了紧张混乱的战场。等真正面临枪林弹雨时，因为早已受过大量类似训练，他们几乎都能处变不惊。处在任何要为他人负责的位置上，都免不了承受压力。**如果你团队中的每个成员都彼此熟悉、彼此尊重，并做好了解决任何危机的充分准备，那你的组织就更有可**

① 埃里克·格罗滕斯，《海豹突击队成员的典型心态》，《华尔街日报》，二〇一一年五月七日。——作者注

能经受住那些挑战。在军中，人们常说“像战斗一样训练”。特种部队都是团队训练，所以，每个队员的优势、不足以及他在队中应该扮演的角色，大家都十分清楚。

其次，他们脑中想的都是“我们”，而不是“我”。特种部队被誉为“沉默的专家”，他们从不吹嘘，也不寻求公众认同。受到嘉奖时，他们都倾向于答谢别人。他们谦逊、含蓄，更愿意为团队和任务效力，而不是为自身谋福利。

最后，他们在一个平级的环境中茁壮成长。换句话说，与传统军队不同，这个组织没有等级之分。特种部队的每个成员不论军衔高低，都要接受相同的训练。鉴于派给他们的任务都极其复杂，且富有挑战性，所以，他们也同时拥有了极大的自由度，可以根据实际情况迅速选择解决问题的方式。偏离预定计划时，他们往往无须再寻求总部的许可。一路上，他们遇到的烦琐程序和官僚气息要少得多。对经理们来说，这是一个很有益的教训：**为你的团队提供指导，然后退到一边，让他们放手工作**。你如果选对了人，并让他们训练有素，他们就有可能成功。

弱点是有刺激性的，常常引发冒险行为。

历史告诉我们，在敌方不断搜寻我方弱点的情况下，强大的军事力量是必不可少的。敌人会研究我们的战斗力，但无疑也会分析我们的弱点。不仅弱点有煽动性，感知到弱点也是种刺激，它会刺激侵略者做出计划外的事。历史学家们经常引用这样一个经典案例：国务卿迪安・艾奇逊称韩国不再属于美国在亚洲的周边防御。于是，这便给其敌人留下了如果战争发生，美国不会相帮的印象。五个月后，朝鲜战争发生了。

这件事教会领导者们不仅要警惕，也要增强自我意识，这条建议在很多场合都适用。轻举妄动绝对不行。比如，在商界，高级主管们如果留心公司的弱点，知道对手会利用自己的什么弱点以及如何利用，便能管理有方。对公司来说，不暴露出弱点也是至关重要的，因为那些弱点很可能会引来令其措手不及的竞争者甚至收购者。领导者的言行可以在很大程度上象征公司的实力和自信，当然，也可能暴露公司的弱点。军中，成千上万现役军人极大地震慑了我们的敌人——只有这样，人们才能迎来一个更加和平的世界。

此刻，你正在阅读此书。但在世界某处，美国的军人们不仅要忍受背井离乡的苦楚，还要在极不舒适的泥沙中翻滚。或许，他们还得在酷暑或严寒中闪避枪弹，或清除藏在某条外国公路上的炸弹。这不禁让我想起了探险家欧内斯特·沙克尔顿。一九一四年，在计划自己的南极探险时，他的招募海报贴遍伦敦。海报上写着："招热衷探险之人。报酬低。危险重重。能否平安归来，还是未知数。一旦成功，荣耀无限。"在美国军队中，成千上万的现役军人没有转角办公室。他们无法享受星期五便装日。即便其所在部队任务完成得好，他们也不会得到公开发行的股票分红。和私人公司相比，虽然他们的工资是很有竞争力的，至少不会比美国施行征兵草案那会儿低，但跟他们承担的责任以及冒的巨大风险并不成正比。尽管如此，军队还是得以成功吸引、训练并留住了许多美国非常优秀的领导者和管理人员。

军中的每个人都十分明确自己是集体的一员，也是美国军队如此成功的原因之一。每个人都自愿举起手说："派我去吧。"对任何组织来说，目标感以及要做光荣和重要之事的决心，也是强大的动力。

在非常成功的组织中，最优秀的成员不会仅仅为了金钱、利益或赞誉做事。世界500强企业、刚创立的公司、非营利机构、体育团队，都是如此。他们中的大部分人之所以上班，并为自己的组织尽心尽力，完全是因为他们坚信自己正做着举足轻重之事。**最上进的员工，是那些对工作有信仰的员工。**我任国防部长期间，曾在五角大楼和全球各地的军事基地举行过多次市政厅会议。在会议上，我亲口告诉那些军人他们的工作非常重要，我以及所有美国民众都很感激他们献身如此重要的岗位。

找到公司的核心，不仅是激励员工竭尽全力的好办法，也有助于公司获得成功。比如，在医药行业，如果员工们意识到他们的工作是为了拯救生命，那某种药品从发现、研制、投放市场到推广销售便能顺利、高效得多。在传媒行业，最优秀的记者是那些敢于揭露坏事，报道准确、翔实的记者，美国民众需要他们提供的这些信息，以决定将谁推上高位。运动队也会为年轻队员们树立榜样，教他们团队协作以及付出和成功之间的重要关系。

这么多人志愿参军，为之效力并为之牺牲，其中的一个重要原因就是为了彼此。军中，“不落下每一个人”并非仅是句箴言而已，它确保每支分队中的成员都相携相助。每个人都确信，如果自己在战场上受伤或殒命，战友们一定能把自己带回家。他们可以放心杀敌，完全信任自己的队友，因为他们知道，信任是相互的。这种革命友情和使命感激发了不同寻常的英勇行为：比如以自己的身体为盾，替他人挡住扔来的手榴弹；坚守阵地，挡住敌军火力，确保他人安全撤离；驾驶直升机到危险的战区，接受伤的士兵；以及其他所有军人常做的自我牺牲之举。

我经常和妻子乔伊丝去沃尔特·里德陆军医疗中心和贝塞斯达海军医院看望伤兵。每一次，我们都会说，国家非常感激他们做出的牺牲。不少年轻人承受着截肢或其他可怕的战伤所带来的痛苦。尽管如此，他们对自己分队的感情依然未减分毫。每次去看望他们，我们听得最多的一句话就是“我想回到战友身边”。

朝鲜战场上，美国士兵即便冒着枪林弹雨，也要回到战场救走伤兵，这一点连对手都惊奇不已。直到今天，国防部和美国人民还派出搜救小组，在越南丛林中寻找阵亡者的遗体。二〇〇三年，布什总统决定对伊拉克宣战后，我们最先考虑的事情之一就有找回海军飞行员斯科特·斯派克的遗体。在一九九一年的海湾战争中，他的飞机被击落。他是被萨达姆的军队俘虏了，还是在坠机时身亡，我们不得而知。十二年后，美国军队为了寻找新的线索，巡查了当年坠机的安巴尔省。在跟当地的伊拉克人交流之后，我们确定，斯派克死于坠机。之后，他被埋在了沙漠中。二〇〇九年八月十三日，他的遗体回归祖国。纵然悲伤，我们也心存感激，并倍感欣慰。美国不会落下任何一名士兵。

我们应该从中学到的是：从某种意义上来说，每个组织都是一个家庭。没人会喜欢那种存在零和竞争，一人成功他人就要受损的公司。健康的公司环境应该让身处其中的每个人都彼此关照，并将公司的利益放在个人利益之上。只有这样，员工们才会尽显才华，为公司更广泛的目标服务。他们深知，个体的成功与公司的成功密不可分。努力把你的组织变成一个集体吧，这个集体充满了同志情谊和团队意识，不会有任何人觉得自己受到了冷落。

第十二课

任职白宫

本书的大部分读者都不可能当选美利坚合众国的总统，也不可能或根本没想过要在白宫工作。但在白宫任职能学到的很多东西，都适用于其他机构。即便对那些并不效力于总统办公室的人来说，这些经验也大有裨益。从某种程度上来说，总统就像一名世界500强企业的执行总裁——只不过他的工作更为重要，薪水却要少得多。

二十世纪三十年代，还是孩子的我从未料到自己竟会与四位美国总统亲密共事。我记忆中的第一位总统是富兰克林·德拉诺·罗斯福，这位第二次世界大战期间的总司令似乎就是个传奇人物。我甚至觉得总统将永远都是他。一九四五年，他猝然离世时，我才上七年级。当时，我们的父亲大都在战场上，乍听到这个消息，我和我的一些同学又惊又痛，都不由得落下了眼泪。

渐渐长大后，我意识到总统不是上帝。他们既不完美，也并非不可或缺。他们没法无所不知。他们会犯错，有时还会犯非常严重的错。

{ 永远不要说“白宫希望……”，建筑是没有意愿的。 }

这便让白宫工作人员显得尤为重要。他们是总统和美国民众之间的重要纽带。他们可以规劝总统放弃一个不良决策，也可以让总统变得笨手笨脚。我经常跟那些冲进会场，气喘吁吁地说“白宫希望……”的人争吵，这也是原因之一。一栋建筑，甚至一个组织，都无法希望什么事，只有管理那个组织的人才可以。提醒别人分清这一点是有好处的，因为和建筑不一样，人是会犯错的。

{ 政治上，每天都有许多犯下大错的机会。尽情享受吧！ }

在担任杰拉尔德·福特总统的白宫办公厅主任期间，我曾陪他正式访问日本。美国总统的正式访问是件大事，需要策划数周，把员工、安全、通信和交通等许多问题考虑在内。国务院和其他机构会展开广泛讨论，话题涉及总统应该说什么、不应该说什么、应该试图达成什么目的，以及可能会遇到的危险或困难等。总统的这种出行，随行人员或许会多达一百人，这还不包括几十名媒体成员。所有人都需要乘“空军一号”或备用机，还需要酒店房间、通信中心，以及白宫工作人员为他们提供信息并答疑解惑。

这次日本之行是福特总统上任后的第一次国外访问，也是美国现任总统第一次访问日本。因为并非凭借自身的能力坐上这个位置[①]，所以全世界都在等着看他将如何应对这件事。尽管当时很多美国人都极其鄙视他的前任理查德·尼克松，但尼克松在国外形象大好，甚至被视为一位颇有远见的外交政策领导人。涉及国际事务时，相比之下，福特就显得默默无闻了。

① 水门事件时期，福特被任命为副总统，理查德·尼克松辞职后，福特又继任美国总统，所以他是美国历史上唯一未经选举就接任副总统以及总统的人。——译者注

我们煞费苦心，努力确保福特的这场日本之行能圆满成功。简报都已经准备就绪，通信团队也已跟媒体汇合。我们认为，一切都准备好了。

东京，我待在福特的套房里，陪他为即将到来的公开露面做准备。等待他的是一场欢迎仪式和与日本裕仁天皇的会面。直到那时我才发现问题来了，而且还是个大问题。准备礼服的裁缝把总统的裤子做得太短了，可那时候再改已经来不及了。福特耸了耸肩，还是穿着那条几乎露出整个脚踝的裤子去参加活动了，被天皇、日本观众和全世界的媒体看了个清清楚楚。

在当今世界最后的天皇面前出现这种尴尬的错误，实在难堪。福特总统完全可以冲我大发雷霆。我是白宫办公厅主任，出了任何纰漏，最终都应该由我负责。但福特总统不这么想。他没有追究这到底是谁的过失，而是在发现问题后采取了他能找到的最佳解决方案，继续未竟之事。其他总统若是遇到那种情况，或许会有别的应对方式，但无疑定会激烈得多。

政客也是人。

我们总会认为，位居高层的人是不一样的。这些人包括执行总裁、大型非营利组织或其他组织的领导等。对总统来说，情况更是如此。美利坚合众国的总统意味着很多事情。他是我们国家的象征，是美国的首领，是三军总司令，是一名政治领袖，也是一个有血有肉的人。然而，这最后一点，常常被人们忘记。

和其他人一样，总统也有喜怒哀乐，也会凭本能办事。他喜欢听笑话和有趣的故事，不喜欢遭到批评。他会担心自己的妻子和孩子，会生气，也会感到沮丧。

一向沉着冷静的杰里·福特有次大发雷霆，把一支铅笔从总统办公室这头扔到了那头。有时，乔治·W. 布什会非常随和、率直。罗纳德·里根很爱讲笑话和好莱坞趣事，仔细体会，你还能从那些故事中发现不少智慧。我还认识一个人，当时，即将就任总统的他因为媒体的一篇报道而沮丧至极，在我的办公室气急败坏地又叫又跳，把什么事都搞砸了。

我陪前总统比尔·克林顿出席过几次活动，立刻便感觉到他是个很喜欢待在人群中的人。而理查德·尼克松则似乎不太擅长跟陌生人打交道，他会时不时地走出总统办公室，到街对面行政办公楼的一个单间独自思考和写作。尽管不是完全惬意，他还是日复一日地完成了许多公众事务。尼克松是位杰出的政治家，他先后成功当选众议员、参议员和副总统。他连任两届总统，并在第二次大选中以美国历史上最大票数优势获胜。

顶着巨大的压力为一位强势的上司工作，不论这个人是总统、公司总裁还是别的领导，人们都很容易忘记，他/她也是个有血有肉的人。

你已经无暇分身，没法再管第一家庭的事了。

任何组织的领导都人际颇广，需要应付朋友、临时顾问，甚至能力参差不齐的追随者等。这是对他们的挑战。而对于白宫中人来说，便更是如此了。如何才能驾驭这些性情各异、能力不一，却都觉得自己颇为重要的人？答案很简单：想都别想。

福特执政期间，第一夫人贝蒂·福特让许多员工都极为震惊。美利坚合众国的第一夫人可不是件容易的差事。没错，你可以住在一栋大别墅里，甚至还能以主人的身份邀请英国皇室家族共进晚餐。但你和你的家人要在接下来的四至八年甚至更长的一段时间里，完全没有隐私可言。你不能出去工作，也没有自己的圈子。人们会没完没了地评价你的发型和着装，言辞甚至还可能十分激烈。说起来，这可能是全世界最显眼的一份工作，却是一份没有薪水的工作。

有一次，身为第一夫人的埃莉诺·罗斯福这样说道：“你穿衣已经不再是为了自己，而是为了公众典范。”同样，很多人也希望只要你还是第一夫人，就不要发表任何个人见解。

贝蒂·福特是个很特别的人。她活泼率直，还十分幽默，却毫不理会那条“第一夫人准则”。不论是反对丈夫的意见，还是说些十分不符合一位“共和党第一夫人”身份的话，对她来说都不是什么难事。比如，她就曾声援过堕胎权。起初，这让很多人震惊不已。有人还写信到白宫，让福特先生管管她，让她别把那些“愚蠢的看法”公之于众。信中这样写道：“你算哪门子的夫人！第一、第二——就算排到最后，也轮不到你！”福特总统的一些顾问担心贝蒂的直言不讳会影响总统的选票。有段时间，还有人问我应该怎么处理这一“贝蒂问题”。

其实，从一开始我就不觉得这是个问题。我认为，我们的国家已经抛弃了那个“第一夫人不能有主见”的过时观念。你也不会傻傻地认为，会有人去告诉总统的妻子她应该怎么做吧。

在这件事上，事实证明，公众是喜欢她的。无数写着“让我们把贝蒂的丈夫留在白宫吧”和“再选贝蒂做第一夫人”的徽章像雨后春笋般冒了出来。

我觉得，久而久之，美国民众会接受并越来越喜欢像贝蒂·福特这样独立坚强又有主见的女性。我也衷心希望，有朝一日，我们会迎来“第一先生”。他会遇到麻烦，也会有需要他处理的事务。我都有点儿等不及要为这样一个人出谋划策了。

第一家庭能对政府产生巨大影响。总统的配偶和孩子们可以成为一笔财富，比如肯尼迪总统那些年幼的孩子。不过，他们也可能遇到麻烦。在我亲身参与的每届政府中，总统的孩子们都还小。和同龄人一样，他们也喜欢派对，有男朋友或女朋友，会做任何孩子会做的事。当然，人们关心他们的唯一原因，就是他们的姓氏。不过，在我的印象中，还从未有人走到过哪位总统面前批评他的孩子们。

福特的一个孩子违反父亲对政府成员立下的规矩，说了些与前总统尼克松有关的刻薄言论，实在有失身份。然而，白宫里没人敢管这事儿。这位讨人喜欢的年轻人至今仍是我的朋友，他有权表达自己的观点。结果，最终站出来指责他的，还是他的父亲。

友谊是人生中最美好的事之一。——亚伯拉罕·林肯

任何领导都需要朋友，朋友是他们与世界联系的重要纽带。比如，很多公司领导会邀请以前的同事来帮助自己。身为总统的约翰·F. 肯尼迪便倚赖一个由波士顿政客组成的团体，并委任自己绝对信任的一个弟弟出任美国司法部长。罗纳德·里根有自己的“加州厨房内阁”，未来的司法部长埃德·米斯也是其中的一员。克林顿有一群来自阿肯色州的朋友，奥巴马有一群来自芝加哥的朋友，而乔治·W. 布什的朋友则来自得克萨斯。

在华盛顿，这些友谊时不时就会招来批评。尤其是那些一直待在城里的“专家”，更是无法想象总统为何不能抛下朋友，雇些别的人来顶替他们的位置。要是没有朋友这一精神寄托，总统们便无法知道自己在总统办公室做的那些决定到底将如何影响外部世界。

在福特执政的白宫，对于总统那些关心政府行动的朋友，我总是鼓励他们与他私下见面。如此一来，他们便能直接向总统表达自己的批评意见。对我这个要求，他们通常都会欣然应允，但结果并非次次如意。他们会精力充沛地大步走进白宫，盘算着直言不讳地对总统说出自己的抱怨和担心。然而，真正走进总统办公室后——世界上最吓人的办公室之一——他们可能开始腿脚发软，

因为他们的老朋友杰里现在已是美利坚合众国的总统兼三军总司令了啊！

结果，这位揣着一肚子抱怨和关心的老朋友往往便会象征性地吻吻总统的戒指，大肆赞扬他干得有多棒。然后，等走到总统再也听不见的地方，他们才会对我说："唐，真高兴我终于把那话说出来了。他需要听到那样的话。"

不要为了工作牺牲一切。

到任何一家著名企业——比如苹果公司或谷歌公司——任职，都有可能令人心生怯意。要是你的工作地点是白宫，便能更加深刻地体会到这一点。

在白宫工作时，我的抗压方式之一便是时刻提醒自己记住：当选总统的人并不是我，而是别人。美利坚合众国的总统能赢得选举和大多数美国人民的信任，肯定是有原因的。不过，和三军总司令一样，白宫里的员工也很容易跟外界脱节。长时间为如此重要的一个人工作，会让人很难分清工作与生活。或许，你还要冒这样的风险：逐渐开始以为自己对那个人来说是不可或缺的。你开始牺牲生活中的一些东西，比如家庭和朋友。不管身在何处、周围环境如何，无论你的职位有多么重要，都永远不要让这种事发生。

{ **记住：你并不重要，重要的是你肩负的职责。** }

人际关系网是生活的重要组成部分。你最终当上公司高管或进入白宫工作，甚至成为美利坚合众国的总统，那些关系都很可能是你成功的原因之一。总之，缺乏学校生活、家庭生活和其他个人里程碑的人生，就是失败的人生。因为，有些东西一旦错过，便再也无法找回。

白宫办公厅主任扮演的角色，就好比一名“标枪捕手”。——杰克·沃森，吉米·卡特总统的白宫办公厅主任

大概白宫办公厅主任是美国政府甚至全世界最复杂的一个职位。它最重要的职责是确保总统能集中精力处理国家大事，以及确定总统已经按照行程做好了准备，随时可以安全地继续下一项工作。担任白宫办公厅主任这一独特职务的经验，对任何雇员构成多样、客户期望获得最好服务的大型组织领导人来说，都是很有用的。当然，对于白宫来说，这样的“客户”就是美国民众了。

任何机构的领导者都会遇到很多这样的人：他们总认为自己“需要”见到总裁，根本不管总裁是否有时间。自信而顽固的人往往随处可见，这样的人认为他们的利益就一定是老板的利益。除此之外，他们也觉得自己才应该是那个跟老板关系最亲近的人。

所以，有时白宫办公厅主任就得从中调停。有幽默感、有耐心，再加上偶尔强硬的态度，便是胜任这一职位的最好办法。要是在处理问题的过程中，似乎遍寻不到上述品质，那或许便意味着你其实更需要那些品质。尼克松执政时期，H.R. 霍尔德曼[①]和约翰·埃利希曼[②]便是有名的“柏林墙”。他们之所以得此名，不仅是因为他们的名字听起来像德语，还因为他们总是不断地阻拦别人靠近总统，尤其是那些所说之事或许会让总统不悦的人。

① 尼克松总统的白宫办公厅主任。——译者注
② 尼克松总统的国内事务首席顾问。——译者注

亲近总统需要付出的代价之一是你有义务把坏消息传达给他。

我常常是早上第一个跟杰拉尔德·福特总统说上话的人，也是晚上他返回白宫东厢私人住宅区前最后一个交谈对象。我听过他抱怨新闻报道、担心政策决定，也听过他对诸多事件的个人好恶，比如跟中国领导人打的一通电话，或他的剪发计划等。

因为这种亲近，白宫办公厅主任便是最能揣摩总统心思的人，也只有他最清楚该在什么时候传达重要的好消息或坏消息。和我们一样，总统也可以同时处理很多事情。在某些情况下，可以让总统迎接更多挑战；但有时，就最好不要向他传递坏消息。不过，最能准确拿捏住时机的，还是那些跟上司最亲近的人。

身为白宫办公厅主任，我为福特总统传递过很多次坏消息，比如道琼斯工业平均指数急剧下降、他以前的某位员工在报上发表的批评言论，或者诸如一九七五年红色高棉政权将美国商船“马亚克斯”号扣留在东南亚之类的影响更为深远的事件。罗纳德·里根拒绝加入福特内阁的坏消息也是我代为转达的。当然，里根之所以这么做，是因为他已经决定跟福特竞选总统。

我作为白宫办公厅主任的职责，就是为副总统和核心内阁成员大开方便之门。我不想做个看门人，把会向总统提出忠告和建议的人挡在门外，尤其是那些话或许还是总统想听想要的。高级官员们每次面见总统的要求，几乎都能立刻得到我的应允。

当副总统很难，不要再雪上加霜了。

在任何组织中坐第二把交椅都不是件容易的事。表现得太抢眼，别人会认为你觊觎老板的位置；但远离头条、低调行事，又会让人觉得你并没有做多少事。热情地支持上司的决议，你得冒被当作“应声虫”的危险；但与总统或他的政见保持距离，哪怕是一点点距离，都会让你要么陷入尴尬或不忠的境地，要么同时陷入这两大困境。你还很容易成为批评者们的沙包，尤其是他们不愿直接向总统开火的时候。

成为美利坚合众国的副总统，便意味着你得过四年或八年提心吊胆的生活。打个比方来说，这就好比踮着脚在蛋壳上行走，或在高空表演骑自行车走钢丝。

因为很多原因，我直到今天都没能完全理解总统候选人在选择自己的副总统候选人时经常经历的那种难以抉择的境地。不过，事实证明，少数被选中的人还是十分有价值的，比如迪克·切尼，或许阿尔·戈尔也算。但诸如约翰·爱德华兹、汤姆·伊格尔顿和斯皮罗·阿格纽等人，则既不称职，又会给总统候选人及其所在党派带来麻烦。

一九七四年，福特总统在选择副总统时征求我的意见，当时我说的话似乎还是挺有道理的。我的建议是：第一，这个人应该有能成为总统的能力、经验和个性；第二，他的当选应该有提高政府支持率的潜力，从而促进政府的管理；第三，他应该能提高总统所在党派的吸引力。**领导者应该努力寻找能与自己互补的有识之士，如果可能的话，就找那些能增强组织势力、扩大组织影响的人。**

我认识很多副总统，经常来往的有三位：斯皮罗·阿格纽、纳尔逊·洛克菲勒和迪克·切尼。三人的执政方式都不同。阿格纽的时间似乎更多地花在了演讲和检查自己的裤子是否平整上，而非尼克松的政见上。

洛克菲勒出生于美国最富有的家族之一，因此他无疑早就习惯了无往不利。而且，在成为福特的副总统之前，他便已经是全国知名的大人物。高级餐厅里甚至有道叫“洛克菲勒焗牡蛎”的菜。他当过十五年纽约州州长，曾两度竞选总统，早就在广大媒体和全国范围内家喻户晓。洛克菲勒非常笃定自己有当总统的能力，就算不能比杰拉尔德·福特更好，至少也不会比他差。在以混乱出名的纽约州，他这位州长就像个大老板，对公众从来都是颐指气使的。当上副总统后，他也丝毫不改往日作风，所以，他跟政府中的很多人都格格不入。就连赋予他这一职位的总统最后也别无选择，只能将其从一九七六年的竞选名单中划掉。

在总统做决定前，请确保他已经听完了所有该听的意见。

你永远不会因为没有说过的话而陷入困境。

——迪克·切尼最爱的一条准则，据说出自萨姆·雷伯恩[①]之口

和阿格纽不同，迪克·切尼从不担心自己的着装；而且，鉴于自己的健康状况和年龄问题，切尼也不像洛克菲勒。他从未觉得自己能跟总统平起平坐，或能成为下一任总统。相反，他专注于政策，平静地待在幕后，有什么想法也都留在心里，等私下遇见总统时再说。这些品质让他成了历史上，当然也是我此生遇到的最有能力的副总统之一。此外，他很容易遭到攻击，因为他从不在乎媒体怎么说自己，也不会费神去纠正任何错误的印象。结果，他虽然对布什政府贡献颇多，却鲜为人知。不过，这正合他意。迪克·切尼堪称所有“二把手”的楷模。

上述事例告诉我们：在任何组织中担任此类职位的人或许都值得些许同情。或者，至少请尽量设身处地感受一下他/她的想法吧。

作为任何组织中的一员，你都可能遇到这样的人：他们待在重要岗位上，但老板不喜欢他们，不想让他们陪伴左右，或出于某种原因，对他们的评价也不高。此时，便只能由那些亲近老板的人来努力想办法弥补，并在做关键决策时给予前者建议和指导。

比如，在福特政府中，总统就跟才华横溢、曾效力于尼克松政府的国防部长吉姆·施莱辛格不合。发展到最后，福特总统甚至拒绝跟他会面。然而，福特跟国务卿基辛格又私交甚笃。结果，福特的所有决策都会不自觉地向国务院而非国防部偏移。在遇到类似与苏联进行军备控制谈判的问题时，上述情况便会给我制造困难。

我深知让总统听听五角大楼里的意见有多重要。于是，我抓住所有机会，

① 二十世纪中期任美国众议院议长。——译者注

催促福特联系施莱辛格，哪怕是通个电话也好。此外，我也尝试着做施莱辛格和总统的传声筒。我明白，如果福特不能听取各方对国家安全问题的意见，那我就失职了。

我们每个人身上都有可能发生这样的事。因为我们都会偏爱某些人，而无法与另一些人和睦相处。当你对某人或某事心存偏见时，不论是喜欢还是厌恶，都最好让老板心里有数。

别慌张，事情或许并不像内部人员看到的那样糟。

白宫的工作或许会让人晕头转向。身为高级职员的你，也将知道一些全国仅有少数人才知道的事。出现在主流国内外媒体头版上的新闻，与我们这些身处其中的人知道的情况，往往并不相符。我们处理那些信息，并知道外部无从得知的背景。

任何组织都可能存在这种情况。公众从媒体获悉的消息若与你知道的真实信息不符，并不足为奇。比如，公开报道的收入和利润可能滞后数日，因此，或许你的公司已经采取措施改善了某篇负面报道中的问题，但分析师和投资者们可能依然惊恐不已。相反，你的公司虽然是最有可能出现在财经媒体上的华尔街公司，但身处其中的你可能已经感觉到前方存在未知的挑战。内部知情人和外界众人之间的鸿沟，便可能让人深感迷茫。工作就是这样，接受现实吧。随着时间的推移，到了局势更为明晰之时，自然会出现更多或招致批评或赢得赞誉的信息。

如果不能随时告诉总统你的想法，就别接受那个职位。

大多数时候，总统都不可能与他所代表的民众们待在一起。除了选民来信和极少数短暂的公众会面，他便没有其他能与民众定期联系的渠道了。于是，让他时刻跟上选民所思所想的员工们便显得尤为重要。我自诩的“公正部长”称号，因为跟福特总统多年的友谊，一直都称得上名副其实。他上任第一天，便对我们这一小群朋友说：“我希望你们能把我臭骂一通。”我们纷纷点头，承诺一定照办。可谁会真的去骂总统呢？尤其，他还是你喜欢并尊敬的朋友？我已经尽力。但有时候，这真的不是件容易的事。

一九七五年，福特就南越政府问题跟某些国会成员吵得不可开交。国会已经投票决定撤回美国的资金，而这么做的结果便是南越必将彻底落入共产党手中。总统气昏了头，一反常态地开始向国会成员们发起人身攻击，称他们是不敢反抗的无胆鼠辈。尽管从那时候起，这样的言语攻击不幸渐渐成了传统，但在二十世纪七十年代，它们仍是相当粗暴的指控。当然，总统的话就代表了其他政府部门的意见。所以，它们不仅被逐级下传，还渐渐出现在了其他政府官员的公开讲话中。

我告诉福特，他对国会说的那些话听起来就像林登·约翰逊的言论。这可不是句赞美，而福特当然也不会会错意。我指着总统办公桌后面那把椅子说：“要知道，坐上这个位置的人，其言行便会开始改变，而这种改变似乎就是让他们的反应变得更加强硬。”作为国会的一员，甚至作为副总统，福特也许都可以怒冲冲地拂袖而去，或口不择言；但作为总统，他不能这么做。不管他的怒气多么强烈、多么真切，我关心的都是，它会如何传到美国民众的耳中。总统应该注意自己的言辞。和前一任总统相比，人们之所以喜欢杰拉尔德·福特，就是因为他给人留下的印象是热心、正派和诚实。

我提醒总统，对任何人的公众生活来说，有两件事都是极为有害的：一是耻笑别人，二就是被视为无法胜任其职位。我担心，怒火和狂暴的言辞就有可能给人留下第二种印象。我建议他在应付政敌时采取我所谓的“艾森豪威尔之法”。即便艾克[①]是出了名的火爆脾气，他也几乎从不在公共场合发火或辱骂任何人。和富兰克林·德拉诺·罗斯福一样，他会用失望或悲伤的语气谈论自己的政敌，而非暴跳如雷。

福特仍对那件事耿耿于怀，他说：“该死的，他们真的撤资了！”但他还是同意我的观点，并很感激我说了那番话。对他而言，我似乎比一名顾问更重要，因为凭借我们多年的友谊，我能对他说一些我认为他需要听到的话。

如果你强烈反对，就不要自动服从总统的命令。

并非每位员工和老板的关系都是从个人友谊发展起来的。但是，坦诚和直率依然重要。我认识乔治·W. 布什的时间只比他正式当选为总统早一点儿。他父亲和我关系一般也不是什么秘密。据说，尽管他非常尊敬自己的父亲，这位州长也决意要在他的内阁中为我留下一席之地。

和担任福特总统的白宫办公厅主任时不同，我跟布什总统并没有进行可供我提意见的“每日一对一面谈”。有时，我会在小型会议或偶尔的电话中完成此事。我常会给他发简短的便笺。我发现，对于忙得无法跟每个人畅谈的领导来说，便笺——尤其是中肯的便笺——非常管用，可供他们在方便之时取读。

① 艾森豪威尔的昵称。——译者注

我给尼克松总统写过不少便笺，他是个很喜欢读简洁留言的人。有一次，有人想通过反对埃德蒙·马斯基参议员签署《清洁空气法》而将其排除在总统圈子之外。我建议尼克松不要采纳这个意见。我说，虽然埃德蒙也许会成为他在总统大选中的竞争对手，但说些不必要的排斥之语，或许会让总统显得过于小气。我写便笺给他，鼓励共和党接触范围扩大到少数民族。我也曾写过言辞激烈的便笺，强烈反对任何让五角大楼监视美国民众的意见。我这样写道："在我国的政体下，至少有一百五十条理由可以说明为什么那是件坏事，而这些理由，总统都知道。"

有时，我也会反对乔治·W. 布什的意见。比如，"9·11"事件后不久，我便质疑了总统在公开讲话中称劫机者为"胆小鬼"的说法。作为一名前飞行员，我并不认为爬进一架飞机的驾驶舱，夺走控制权，然后以每小时五百英里的速度径直冲向一幢大楼的举动是懦弱的行为。这是对敌人的重大误解。他们一点儿都不害怕，也绝对不是胆小鬼。他们是狂热分子，这是个截然不同的概念。布什总统明白了我的意思，并最终表示同意。

有时，告诉老板他/她可能错了，兴许便能为他们免去很多悲剧。在某些情况下，这种做法或许还能挽救一家公司。

在总统的领导才能中，最重要的就是使用语言和时间的能力。

在美国，我们已经渐渐将总统视为宇宙的中心。之所以会最终形成这种印象，跟媒体、国会成员和政治团体都脱不了干系。有时，甚至总统们自己也是诱因之一。他们几乎每天都会出现在电视上，对各种事务发表意见。他们为名人的离世发表声明，也会跟喜剧明星们共同参加深夜脱口秀。如此一来，他们便担上了曝光过度的风险。不仅美国总统存在这个问题，任何组织的领导也都无法幸免，对组织的赞誉或责难似乎都转移到了他们身上。然而，事实是：几乎所有公司依赖的还是大量员工，而不仅仅是站在最顶端的那个人。

曝光过度不仅会给政客，也会给任何一名领导带来危险。让一个人成为每个决定、每场胜利和每个错误的焦点，会给那名领导带去巨大的压力。阻止组织中的其他人挺身而出，承担起应尽的职责，也会对组织造成伤害。

可以通过限制总统公开露面和发表讲话的次数来避免其曝光过度。很少有东西能比总统、商业领袖或任何高层官员所说的话更有价值。一名领导说的话会久久回荡在他的组织中，成为其他人的模板。留意上司说话的人很多——不是选民，就是股东；不是内阁成员，就是董事会成员；不是竞争对手，就是敌人——所以，**领导一定要在有充足的理由后，再站上讲坛。**

让内阁和企业内的各部门做决定吧。

在一个组织中，授权给下属也能实现扩大责任范围的目的。体现在白宫，最好的办法就是授权给总统的内阁成员。尼克松总统就将内阁利用得非常好。他挑选了一批有声望、有想法的优秀人才，那些人不仅都具备管理经验，还都是可靠的发言人。相比之下，在有些成员足有十五或二十人的内阁中，能让人勉强记住名字的，仅寥寥两三人而已。

大多数组织都有很多人才。你既可以利用这些人传递组织的消息，也可以派他们去接触远远超出公司董事会的那些人。比如，在一家大型世界500强企业中，能公开代表组织、全权负责某项活动的高管就不在少数。下放权力和职责，让他们放手去做吧。

努力维护和加强总统职权的完整性。

我在童子军中学到了一条准则："离开露营地之前，一定要让它变得比你来时更干净。"如果你发现哪里脏乱，别管是谁弄的，把它打扫干净。

在政府尤其是白宫工作，我也会履行这项职责。一个名叫布赖斯·哈洛的朋友向我强调了这一点。从艾森豪威尔上将开始，他已经给许多位总统提过意见。在白宫任职多年，他见过包括媒体、国会、联邦法院和政府部门在内的各方势力向总统的行政权力发动攻击。

越南战争和水门事件让总统的威望降到了近代最低点。福特执政初期，哈洛给我提出了宝贵的意见，他说："国会和联邦法院的不断施压正在削弱行政权。请你在离开白宫前解决这个问题，让其权力跟你上任那时一样大。不要让未来总统的权力在你的监管下被侵蚀。"

尽情享受担任公职的时光。

我觉得，如今对担任公职感兴趣的有为青年已经没有我年轻时那么多了。也许我们每天都会听到政府又做错了什么事的消息，也是原因之一吧。

我很享受在企业任职的时光，那是份充满挑战、有趣又有益的工作。但是，如果失去在政府任职的那段经历，没能亲眼见证它如何运转，没能应对过它带来的挑战，也没有为了美国人民而努力将它变得更好，那我的人生定会错过很多东西。

一九五四年，我二十岁，是普林斯顿大学的一名大三学生。那年，我参加了一场班级宴会，宴会的特邀发言人是阿德莱·史蒂文森。已经在两年前的总统大选中惨败给德怀特·D. 艾森豪威尔上将的前伊利诺伊州民主党州长史蒂文森那时正在积极准备，打算一九五六年再次参加竞选。不过，那场竞选他同样一败涂地。

除了不幸遭遇近代最受欢迎的政治家，史蒂文森其实还是个很有思想的人。他也很谦逊，还对当天在场的观众们说估计自己下场之后很快便会被我们遗忘。但史蒂文森州长说了那么多话，就数这句不对。事实上，他在毕业离校、踏入社会方面给予我们的那些建议整整陪伴了我将近六十年。

史蒂文森慷慨激昂地谈论了担任公职的重要性，以及有幸生活在美国这种民主制度下的我们应该承担的责任。

作为精英的你们一定要知道：美国政府必须后继有人。请容我说一句，你们一定不能有所保留。因为如果你们以及那些有学识、有远见、自律的年轻人不能最大限度地发挥自己的才能，那美国便会一蹶不振。美国一旦倒下，世界也就完了。

时至今日，史蒂文森这番话依然有效，或许甚至比当年更适用。[①]

尽管媒体和公众舆论发布了许多不信任政府的言论，但仍有无数人献身政府，为了美国人民的利益，努力将其建设得更好。这里常常爆发激烈的政治斗争，有时是你方获胜，有时则不然。不过，如果你真的留心自己在政府中度过的岁月，认识那些为之献身的人，就定能在离开之际深切地体会到我们的凝聚之力还是远远大于分散之力的。

不论你在自己职业生涯的哪个阶段选择担任公职，我都会给你这个建议：把它做好。享受这个过程，千万不要搞砸了！

---

① 史蒂文森演讲全文可参见www.rumsfeld.com。——作者注

第十三课

资　本

我们经常都能看到美国企业的领导人微笑着站在总统和国会成员们身边的照片。尽管如此，有时商业领袖们还是不愿利用这样的机会，告诉那些民意代表他们真正需要听到的话。恰恰相反，他们说的往往是后者愿意听到的话。

我们几乎不会读到杰出的商业领袖们直接批评联邦政府行为的报道，也不会看见他们站出来捍卫自由市场以及他们为美国人民创造的就业机会。我想，要是捍卫资本主义的商业领袖们再多一点儿，那些与政客们微笑而立的照片便要少得多了。

我曾经当过执行总裁，所以完全理解商人可能不愿意公开反对联邦机构行为的原因，毕竟，后者拥有可能会危害其公司利益的权力。一旦做出那样的行为，公司领导者们便使其自身和公司都陷入了政府的报复中——国税局、证券交易监督委员会、国会委员会或联邦政府中其他诸多管理监督其经营的机构都将参与其中。执行总裁们要对董事会、股东和顾客们负责。那些人都有各自的政治观点，而且，一位企业高管或许会说出的话可能会对他们的经济利益产生不良影响。

但是，要知道，沉默并不等于支持。美国经济是建立在坚韧而非恐惧之上的。在我们的市场制度下爬到商界顶端的人，都是历经艰苦的，而不是走捷径。

多年以来，对商界和资本主义的批评似乎愈演愈烈。“利润”一词常被用作修饰语。诸如学者、政客和好莱坞电影制作人等有影响力的人经常贬低资本主义制度。二〇一二年的一项民意调查显示，全美竟有超过68%的人相信“大企业”和政府“沆瀣一气，对付剩余之人”的说法[①]，很多好莱坞明星、在职官员，甚至各类教师，似乎都倾向于说服年轻人相信美国和自由企业制度本身就是不公和腐败的。比如，二〇一〇年，曼哈顿政策研究所召开了一次名为“资本主义在大学”的会议，会上对自由市场体系的偏见显而易见。一名发言人指出，“因为在大学课堂上读到和看到的东西，美国的很多年轻人都‘普遍歧视’商业”[②]。那些已经进入商界和已经供职于美国各大企业的人，一定要自发地做好准备，反驳这种态度。

如今，这个旧现象更是变本加厉地卷土重来。回到二十世纪五十年代，我还是一名在校大学生的时候，有些教授便已经在经常发表相关言论，贬低商业、商人和所谓的贪婪、腐朽的美国企业制度。他们认为，在企业工作是不合理的。另一方面，那些学者备受尊敬，他们这么做也是毫无私利的。但是，我有不同的看法。二战结束之后，我父亲乔治·拉姆斯菲尔德卖起了房子。和我认识的其他所有人一样，他也是个有道德并值得尊敬的人。他并未发大财，却在困难时期供养了他的家庭。他用自己的言行让我们明白了勤劳工作、体面谋生的重要性。

---

① 拉斯马森报告，《68%的美国民众相信政府和大企业沆瀣一气对付剩余之人》，二〇一一年二月。——作者注

② 玛丽莲·芬达克，《资本主义在大学：学生们都在学什么？他们应该知道什么？》导言，美国大学中心，曼哈顿政策研究所，大学俱乐部，纽约，二〇一〇年十月。——作者注

二十世纪六十年代，约翰·F. 肯尼迪总统曾在美国商会发表过一次演讲，说了些十分精彩的话。至少，用今天的标准来看，这些话依然激动人心：

如果美国的企业没有足够的收入，以带来合理的利润，美国政府便无法获得充裕的税收，以维持正常运转。美国的企业要是无法繁荣、扩大，政府对经济增长的承诺就是一纸空文。我们的外交政策需要提高美国商品在境外的销售量，但实际生产并销售这些商品的是企业，而非政府。我们的国内项目需要大量增加就业，但真正提供这些岗位的也是企业，而非政府。

讽刺的是，人们一直认为肯尼迪是个“反商业”的人。不过，我要说的是，如今几乎已没有哪位政客能像自由民主党人约翰·F. 肯尼迪一样，那般骄傲地为我们的自由企业制度说出如此有力而深刻的话。

二十世纪八十年代，因为里根总统全面支持低税率，并坚决维护商业在美国的地位，所以里根时代被嘲笑为“贪婪的十年”。热门电影《华尔街》中邪恶的戈登·盖柯便是美国资本家们的代表。最近，极左导演迈克尔·摩尔发行了一部片名极为讽刺的电影——《资本主义：一个爱情故事》，这是部讲述美国企业腐朽贪婪的纪录片。他断言：“资本主义意味着过得极好的只是少数人，而剩下的人都在为他们服务。”这两部电影以及好莱坞定期出产的其他反商业电影，都在谴责这个被“贪欲”驱动着的制度。

如果“贪欲”代表的是利润、对成功的渴望以及成功的话，那资本主义制度的确是由“贪欲”驱动的。在一次电视访谈中，有人问诺贝尔经济学奖得主米尔顿·弗里德曼博士，对资本主义的“贪欲和集权”一说，他要做何辩解。他那著名的回答极具教益：

告诉我，你觉得不由“贪欲”驱使的社会存在吗？什么是贪欲？当然，我们都不贪婪，贪婪的都是别人。世界就是由无数追求各自利益的个人推动的。[1]

认识到个人利益并不等于自私非常重要。渴望追求目标、渴望成功和渴望获得财富——为了家人，当然，也是为了自己——都是人类的本性。对利润的追求促成了某些文明最重要的发明，这些发明包括电力、汽车、飞机、铁路、电脑，以及许多能改善、延长或拯救生命的药物。

基于利益的、巧妙的自由市场体系导致了富裕。

数年前，我的朋友、马里兰州安纳波利斯圣约翰学院的罗伯特·戈尔德温院长对这个问题很失望：什么导致了贫困？一个国际组织专门派了个小组调查该问题，还邀请戈尔德温担任组长。但他拒绝了，并称这个提法完全是本末倒置。“什么导致了贫困？”已经假定：人类生来就应该是富裕的，只是被世上的一些力量“变”穷了。他指出，这个问题要反过来才正确。人类生来是贫穷的。戈尔德温总结道，需要解决的问题应该是：“什么导致了富裕？”

任何由明理的观察者们组成的小组遇到上述问题，答案都是显而易见的：基于利益的、巧妙的自由市场体系。美国成为全球最成功的国家，靠的不是偶然，更不是社会主义。美国的街道不是由黄金铺就的。这里没有即刻成功的秘诀或实例。相反，十六世纪，第一批移民踏足这片土地之时，他们渴望并最终找到的是机会——实践上帝赐予的天赋的机会。他们努力工作、勇于冒险，凭借着进取心、节俭和毅力获得了成功。他们的远亲听说了这里存在的机遇，追

① 《唐纳休访谈》，日期不详，视频可见http://www.youtube.com/watch?v=E11Wk4TCe4U。——作者注

随而来之后，为了达到相同的目的，也走上了和前人一样的道路。从此以后，一代又一代人都由此而受益。

对自由本身缺乏信仰，是人们反对自由市场的根本原因。——米尔顿·弗里德曼

自由市场的力量在于，它们不依赖于命令或任何强制手段。相反，所有结果都来自于数百万人在商品和服务交换过程中的自发行为。每天，那数百万人从自身利益出发，根据他们购买和贩卖之物的价值做出各种决定。这些决定汇集到一起，便确定了工资和物价。任何中央计划者，甚至是最聪明的计划者，都永远无法得出更好的答案。

因为资本主义制度允许私人拥有财产及其公司的产品，所以个体会对能保护这些财产和产品的法律、法规感兴趣。人们不会不顾后果盗窃他人财物，因为他们明白这么做会受到惩罚。正如我多年的好友、现已去世的詹姆斯·Q. 威尔逊博士所写："也许，解决自私的最好办法就是让人们拥有财产权。"因为资本主义制度创造了一个乐于接受努力、冒险、报酬和成功的社会，所以个人便可以投入时间和资源去创造财富，而不必担心它会被政府收走。

自由市场体系下的公民有为了自己、为了孩子以及孙子长期创造财富的兴趣，所以，国家的兴旺也有他们的一份功劳。国民们成为企业家和企业主们的员工、投资者和顾客之后，这些企业家便改善了他们的生活。因此，市场经济的结果就是更多的人会富裕起来。即便是那些在经济阶梯上位置较低的人，比起经济体制不同的其他国家中的同等级之人，也要过得好得多。

更重要的是，无论是出身于最底层还是最高层，没人会就此注定永远停留

在某一经济水平上。穷人有获得成功、变得富裕的机会；富人也可能会失去一切，变得贫穷。到美国任何一个小镇某条有零售商店的街上走一走。六个月后，其中的一些店便会被新店取代。自由市场允许公司倒闭并被其竞争者取代，只要后者提供的相同产品能更加物美价廉。以我的家乡芝加哥为例。二十世纪三十年代至四十年代之间，那里的大公司总部有美国国际收割机公司、蒙哥马利·沃德百货公司、西尔斯·罗巴克公司和马歇尔·菲尔德百货公司。如今，这里的大公司是高朋团购、好事达保险、摩托罗拉、麦克斯（OfficeMax）和奥比茨旅程网（Orbitz）。再过六十年，这里的公司应该又会大变样。

这个世界已经尝试过社会主义、计划经济和其他非自由经济体系。在那些体系中，产品和服务人人共享。苏联便是建立在一个人人平等、一切共享的理念上。

在西欧的部分地区，甚至部分美国年轻人中，以下这些事都十分流行：穿切·格瓦拉T恤衫，在大学中选择马克思主义之类的专业、在城中露营、抱怨华尔街和美国企业。甚至我们的联邦政府也开始越来越依恋这样一种想法：建立一个永远富有的联邦政府，而且这个政府还有责任满足所有公民的任何需要或幻想。

花别人的钱，永远没有花自己的钱小心。

人们通常都会以一种负责、理性和可以预料的方式来花自己的钱。他们的行为都是基于自身利益的，不会随意乱花钱，即便出手，也会先考虑清楚。他们会小心经营自己的投资，以期获得回报。然而，人们在处理他人钱财时，他们的表现就大变样了。

对任何组织来说，政府也好，公司也罢，甚至在非营利性机构，该问题都是个严峻的考验。通常来说，组织的规模越大，就越不容易让成员们像花自己的钱那样来花组织的钱。毕竟，那些资金是“别人的钱”，而非他们的。

不久前，美国联邦总务署的联邦雇员们在拉斯维加斯五星级酒店开的一场奢华会议被报纸头条定性为“侦查旅行”。作为会议的一部分，他们花掉了成千上万纳税人的钱。具体费用有：送给政府雇员的配有天鹅绒外盒的纪念币花了六千美元；包括“读心术”在内的娱乐项目花了三千二百美元；iPod花了数千美元，但这些播放器甚至在发给雇员之前就失踪了一百多个。还有小型威灵顿牛肉餐前小点心和每人一份、每份价值十九美元的“匠人奶酪”。是什么导致他们如此浪费？很简单，因为他们花的不是自己的钱，而是“别人的钱”。

在每个失控政府被告密者检举的例子中，实情都比媒体揭露出来的内幕严重得多。我见过这样的例子：一名拿着预算购买物资的经理，总会带回许多诸如订书机、文件夹、几十支笔和大量纸张之类的根本不需要的东西。

如果那些经理是为自己家里购买物资，花的是他们自己的钱，或考虑过自己浪费了多少从纳税人那里“借来”的钱，那么毫无疑问，再花那些钱时，他们就会慎重得多。**处理“别人的钱”时，我们应该抱着让我们的生活变得更容易或更快乐的念头，而不是浪费别人的钱。**在政府中，就是不要浪费纳税人的钱；在公司里，就是尽量从投资中获益，不要让公司的股东赔钱。

联邦的钱都来自纳税人，要将其视作“辛苦钱”。

效力于尼克松政府时，我记得有一次一架飞机飞越整个国家，为的就是替总统的某个首席助理送一个公文包。后来，我发现包里装的是最近几期的《时代》周刊、《新闻周刊》和一些报纸。数千美元就被浪费在了这些东西上，要知道，只需拿出那几千美元中的一小部分，它们便都可以在当地报摊上买到。

如果留心，我们每天都可以在工作中看到这种浪费“他人钱财”的现象。比如，作为顾客，如果每个人都需要为麦当劳的番茄酱或星巴克的餐巾纸埋单，我觉得，那我们使用起它们时肯定会更加小心。正因为这些东西都是“免费的”，所以，作为顾客的我们才常常如此随意。

不论是公共部门，还是私人企业，都没有一个日夜无事可做的闲人能时刻监视着每个人，确保他们精打细算地花纳税人或股东们的钱。你能期待的最好情况便是：吸引并奖励那些心中有准绳、由衷地理解并尊重“他人钱财”价值的人。**领导者们需要寻找天生便认为浪费和滥用可耻的人。**

二〇〇一年，在我给五角大楼的员工们召开的第一批会议中的某次会议上，我提出：考虑到部门面临的挑战，那些看似微小的事也需要经过讨论。我觉得那些事也是很重要的。我建议员工们不要用政府电话打私人电话，要体贴纳税人的钱，把每一笔开支都当作在花自己的钱。我要求他们定期向道德监察官做简报，而我则会亲自询问道德监察官，看大家都进行得如何。我想尽早定下一种基调，建立起一种心态，创造出一种强调尊重“他人钱财”的文化。

就这一点而言，私人企业，尤其是企业家本身便懂得资本成本的小企业，比政府更具责任感。他们更倾向于小心处理应收款项、应付款项和详细的存货清单。他们都有兴趣确定自己的钱没有被浪费。比如，通常来说，政府拥有的大楼使用时间有限，一般都是上午九点到下午五点，一周使用五天。如果一家公司要耗费巨资修建厂房，那老板们就会希望这样的投资能收到合理回报，否则他们便不会对这个点子感兴趣。毕竟，如果这样的重要设施一天投入使用的时间只有八个小时，一周只用五天，那使用总时间就还不到一周小时数的四分之一。资本投资的成本要求运营良好的公司采用员工轮班制，最大限度地发挥基础设施的价值。在这个一天二十四小时、一周七天都在时刻运转的世界上，对于负债数万亿美元的联邦政府来说，效仿上述做法或许并不是件坏事。与其用纳税人的钱定期为新的联邦雇员修建全新的建筑，不如在一天八小时、一周五天的正常工作时间之外采用轮班制，提高现有设施的使用率。

懂得72法则。

金钱和时间是个强大的组合。即便你只有一小部分钱在时刻生钱，年复一年，随着时间的流逝，它也会因为复利而变成一笔惊人的巨款。72法则是金融界一个简单的公式，它能推算出你的资金在不同增长率的作用下，需要多长时间才能翻倍。其计算方法为：用72除以任何利率或增长率。计算结果会显示你的钱需要多少年才能翻倍。

比如，假设你在一个年利率为7.2%的账户上存入100美元，或在一项年增长率为7.2%的投资上投入100美元。用72除以7.2，就会得到数字10，意思就是说：以此利率，你投资的这100美元将在十年后变成200美元。如果你想让自己的钱在二十年内翻一倍，就用72除以20，结果显示：你需要3.6%的年利率。如果你的目标是积攒下十万美元，也可以用72法则来计算一下你需要每年投入多少钱、以何种利率投资多少年，才能实现这个目标。那些第一次进行这种计算，并最终了解到复利有多么神奇的人，脸上的表情总是非常精彩的。

以一个生于二〇一四年的小孩为例。如果两位祖父母每人为这个孩子投资1,000美元，假设年利率为12%，下表即为这2,000美元在未来数年内的变化情况。今天看来，这个利率也许有点儿高，但它是过去六十年中标准普尔500指数的大致增长率。用72除以12，便能得出：每过六年，这2,000美元的投资便能翻一倍。

年份	孩子年龄	投资价值
2014	0	$2,000
2020	6	$4,000
2026	12	$8,000
2032	18	$16,000
2038	24	$32,000
2044	30	$64,000
2050	36	$128,000
2056	42	$256,000
2062	48	$512,000
2068	54	$1,024,000
2074	60	$2,048,000
2080	66	$4,096,000

当然，这里忽略了税收。税收取决于投资的性质，它的确会占去收益的一部分。不过，结果还是很有教益的：上表显示，2,000美元的投资，不算利息、红利和复利增值，将会于这个孩子年满六十六岁时变成400多万美元。而且，这种增长还不需要馈赠者或这个孩子费半点儿力气。做一笔像这样的小投资，就好比拥有了一群为你全年无休地日夜工作，并将所有收入都上交给你的人。不过，据我所知，72法则和复利的力量可并非能在学校的常规课堂上学到的东西。

联邦政府通常都不是第一个求助对象，而是最后一个。

二十世纪六十年代，我以前在国会的一个同事——密苏里州众议员汤姆·柯蒂斯向我指出，联邦政府每每“解决”问题时，都倾向于从私人那里搜刮财富，比如企业家或慈善家等。他说，“公家的钱把私人的钱都赶跑了”。或者，换句话说，政府介入会“驱逐”其他人。毕竟，谁都不喜欢交两次钱——第一次交税，第二次给慈善机构募捐——的感觉。

> 公家的钱把私人的钱都赶跑了。
>
> ——众议员汤姆·柯蒂斯

许多人都准备着帮助他人，在美国尤其如是，美国人无疑是地球上最大方的。可一旦政府介入，他们就不愿意那么大方了。而且，遗憾的是，政府花起钱来比个人随意得多，结果也不如个人有效。显然，向政府求助应该是你的最后选择。

这么说并非因为政府是邪恶或腐败的，而是因为要找到能让政府资金取得预期效果的方法实在太难。

若政府不能做好政府的事，那还如何让别人相信政府也能经商？——埃斯·格林伯格[①]

政府花销浪费的原因之一在于，公众面前的政府工作人员中，有商业经验的人越来越少了。光在我们国家的教室里学习基础经济是不够的，这至少无法产生任何明显的效益。高中毕业生就应该了解供求关系，或者，举个例子，应该了解政府的干涉和补贴是如何扭曲经济的。只有通过最大限度地发动民众积极参与，才能获得民主的成功。我们国家首都选领导人，往往都太过钟爱那些有法律和学术背景的人。这种狭隘的观点毫无益处，只会导致公共政策的

① 贝尔斯登银行前董事长、执行总裁。——译者注

倾斜。

富兰克林·D. 罗斯福当总统时，一半他任命的人都有从商经历。罗纳德·里根任命的人中，近60%的人有商业背景。今天，政府中的商界代表已大幅缩减。在奥巴马的第一届政府中，仅22%的人有过从商经历——据《华尔街日报》报道，这已是二十世纪的最低纪录。

没人能从如此严重的失衡中获益。当然，许多有从商经历的个人，对我们国家的走向感兴趣，对政府的政策行为是否会有利于投资和就业感兴趣。但是，政府中这样的人太少。这是一个很重要的问题，因为企业领导者比大多数人更了解如何创造就业机会，以及要营造出对就业和经济发展有利的环境，哪些事是必须要做的。

“大胆、革新、创新”这个概念出来以后，我们就要当心了。

我在西尔列制药公司时，卡特政府宣布计划加强政府对工资和物价的控制。十年前，尽管我反对这种控制，尼克松总统还是任命我为生活费用理事会会长，负责国家的工资和物价控制。我知道，人为地设定工资和物价对经济不利，因此，我们努力确保将这种伤害降到最低限度。由于我本人在该领域有些经验，我感到有责任让卡特总统知道，再创建一个工资和物价控制项目并不明智。我是这么想的，也的确这么做了。

在我们的自由企业制度中，要是没有更多的领导人讲出资本主义的重要性，私企经验极少或毫无私企经验的国会成员和行政官员们就更指望不上了。苹果公司执行总裁史蒂夫·乔布斯很重视自己身为一名商业领袖应该承担的职责，也觉得有责任告诉政治领袖们一些东西，而这些东西或许会被称为“令人不舒服的真相”。二〇一〇年，乔布斯在跟奥巴马总统的一次会面（如今，那已经是一次十分著名的会面）中提醒总统说，除非他能推动一些更有利于商业发展的政策，否则便可能与连任无缘。正如乔布斯的传记中所提到的那样，苹果公司的执行总裁跟总统说了实话。也就是说，因为华盛顿诸多的约束，在中国建个工厂比在美国容易得多，也赚钱得多。这是来自企业领导者的一条重要建议，尤其这还是名非常支持总统的领导者。

人类的每一个问题都有一个众所周知的结论。——H.L. 门肯

除非了解问题的起因，否则我们便不太可能解决问题。比如，据不完全统计，处方药的成本是卫生保健成本持续上涨的一个主要原因，也是国家六分之一的经济都将由联邦政府直接监管的原因之一。而实际上，花在卫生保健上的钱中，处方药只占一小部分。处方药成本高是可以理解的。发现、发展并成功将一种新药带入市场，需要花费数年时间。其间，公司可能需要耗费数百万美元用以研发、测试、发展和销售这种药物，并雇用无数必需人员，才能获得成功。公司所做的一切，都是希望这种药能改善、延长甚至挽救人的生命。当然，公司也希望这项投资能为股东带来回报。如果一种能治疗重病的药只卖一美元，那该有多好啊！但是，如果医药公司真这么做的话，不仅该公司很快便会倒闭，也不会再有新药或新处方面世了。

如果不能有效地捍卫私人企业制度，那美国人民和媒体听到最多的就将是批判。这种现象会引发一些奇怪的观点。几年前，美国大学的教授们做过一项调查，让受调者为他们心目中“最威胁国际稳定”的国家做个排名，美国始终排名第二。[①]不过，该数据更多地反映了美国大学教授的数据搜集情况，而不是美国的实际情况。

① 加里·A. 托宾和阿里耶·温伯格，“美国大学教授简况：政治信仰和政治行为”。——作者注

美国并不是世界出问题的原因。

二〇〇二年，乔伊丝和我参加了一场为当时的联合国秘书长科菲·安南举行的晚宴。席间有许多名人——来自两党的美国参议员、记者和外交官。有几位客人谈起关押在古巴关塔那摩监狱的恐怖分子，以及他们在那里受到的所谓“不公正的待遇”。之后，晚宴对话开始聚焦精英圈子里的流行话题：我们的国家哪里做错了，我们的公司哪里做错了，我们的政治领导人哪里做错了，我们的军队哪里做错了，我们的外交家哪里做错了。而我们国家的敌人正在世界各地做什么，或我们国家哪里做对了，却几乎无人提及。

当时，我是布什政府的一员。也许有些客人期待我表示赞同，有些则希望我保持沉默。然而，我什么也没做。终于听到忍无可忍之时，我重重地一拍桌子，用力之猛，震得一些葡萄酒杯和银器直摇晃。此时，谈话也戛然而止。

我站起身，说道：“我每天早上从床上爬起来，并不是在想美国对世界做了什么错事。”随后，我便带着乔伊丝退席了。

那晚我说的，全都是肺腑之言。没错，美国是有问题。我们当然不完美，但我们需要以正确的眼光看待问题。（第二天，我向宴会主办方解释了骤然离席的原因，他们都宽容地表示理解。）事实上，我们中的太多人已经习惯于指责国家，用一些很难达到的标准去衡量它。但实际上，美国并不是搅乱世界的原因。

美国是一个充满希望、可能和机遇的国家，是一个数百万人都视为榜样的国家。无论是作为一个国家，还是作为一个社会，美国人都没理由感到内疚。法国哲学家让-弗朗索瓦·雷韦尔明智地写道：“如果一种文明对自己所有的一切、所做的一切都感到罪恶的话，就会缺乏自我保护的能量和信念。”在人类历史上，美国人为世界人民所做的比其他任何国家都要多——照顾那些遭受地震、海啸和飓风伤害的人，成为那些逃避迫害之人的避风港，等等。我相信我们自由的政府和经济体制。证据就在这里。而且，我知道，全国还有数百万人都同意我的观点。重要的是，我们应该让更多人持有并经常宣扬这种观点。

多年来，我手边一直放着一张照片，从照片上可以很直观地看到：朝鲜半岛南半部的韩国灯火通明；在北方，即非军事区上方，朝鲜却只有首都平壤有一点儿亮光，其余部分都是一片黑暗。南北可用的资源是一样的，就连传承与文化也并无二致，然而，经济发展的结果截然不同。

第十四课

愿望的乐观性

二十世纪七十年代早期，在我担任美国驻北约大使时，我的那些布鲁塞尔的同事中有一位杰出的比利时外交官——安德烈·德·施特克大使。作为北约理事会主席，德·施特克先生赢得了同僚们的尊重。当时，这位年逾六旬、优雅通达的大使对我帮助良多。那时的我只有四十岁，首次从事外交工作，既不优雅，也不通达。

德·施特克先生早年是温斯顿·丘吉尔的朋友。第二次世界大战期间，施特克先生曾与英国首相一同飞越敦刻尔克——一九四〇年与纳粹德军那场著名战役的爆发之地。也正是那场战争，导致英国军队绝望地撤出欧洲大陆。丘吉尔俯瞰下方的绿野时评论道："我真不明白，德军为什么不在敦刻尔克全歼英军。"

德·施特克先生是个实际的人，他向丘吉尔提议，不如一有机会就找个德国军官问问。不久后，他们找到一名盟军成功进入法国后，被英国人俘虏的德国指挥官，问出了那个问题：在敦刻尔克时，你们明明有机会，为什么没有全歼英军？

据德·施特克所说，那名指挥官的回答是："我没接到命令！"

教导人们领导力的书很多，从书中学些经验也是有益的。但核心问题在于：领导力不是执行铁一般的纪律，而是个与直觉有关的问题。领导力不是由一系列的格言组成，而是源于个人的独立判断。对于这个世界来说，幸好那位敦刻尔克的德国指挥官缺乏这些品质。不过，由此可见，希特勒和他的将军们显然不明白鼓励下属拥有这些品质的重要性。

要对自己的智慧感到悲观，对自己的意志感到乐观。——安德烈·德·施特克大使

一九八七年，我在考虑竞选总统时，曾向一些朋友和以前的同事征求意见，安德烈·德·施特克便是其中之一。他力劝我呼吁美国的乐观主义精神，他崇敬这个国家的达观以及敢想敢做的特质。上面那句话就是他的想法，我把它也纳入了自己收集的规则中。德·施特克先生触及了领导力的一个基本要素——谦逊地追求成功。这是一种接受如下事实的能力：这个世界上有许多我们不知道也无法知道的东西，也有我们以为自己知道却可能判断错的东西。这种能力源于经验，源于到世界中去探险的勇气。没错，去犯错误吧，哪怕会失败。

我这一生太常犯错，已不会再为此脸红了。——拿破仑·波拿巴

很少有人能始终处于巅峰时期，接连不断地取得成功。只要是人，就会犯错。领导者和其他人的区别就在于，是否有勇气冒着犯错的风险去尝试。回想

生活中那些并未如你所愿的事，你很可能会因为自己的事后检讨而失去再次尝试的勇气。正如杰出的前英国国防大臣约翰·里德所说：“事后才看清一切，是人们唯一的特长。”

回想起以往的公众生活，现在想来，我对其中说过的不少话都感到后悔。当然，身为儿子、丈夫、父亲和朋友的我，也犯过不少错。从错误中吸取教训很重要，从挫折和失望中恢复过来也同样重要。

做事半途而废跟完成此事的代价一样大，所以，你最好能坚持到底。

——尼克松总统致亨利·基辛格

多年来，跟其他人一样，我也有过不少失败的经历，其中的一些在当时看来似乎还是极其严重的。比如，在我的海军生涯中，一九五六年，尽管竭尽全力，我还是没被分配到单引擎飞机上去。那次挫折是我决心放弃成为海军飞行员的主要原因。二十八岁那年，我在俄亥俄州为一个我很钦佩的人担任竞选经理。当他仅以辖区一票败北时，我为他感到十分伤心。一九六五年，身为共和党政策委员会主席的我在竞选一个领导职位时，以一票之差而败北。一九八八年，我努力争夺美国共和党总统候选人提名，却没有筹够竞选所需的资金。与其他人一样，那些挫折和失落改变了我的人生轨迹。我努力从中吸取教训，避免沉浸在悔恨之中，不断地继续前行。

接下来便是近年来犯下的错误和遭遇的遗憾了，其中的一些还发生在阿富汗战争和伊拉克战争期间。在战争的迷雾中，判断失误肯定在所难免。还有一个残酷的现实也无法避免：在任何军事冲突中，都会有一些美国军人失去生命。

毫无疑问，对国防部长来说，最艰难的任务便是：有时，明明知道某些决定会让我们年轻的军人们再也无法重返故土，也还是得下达命令。我也知道，不管我们预先采取多少预防措施，还是会有民众被杀。那些效力军中的人、牺牲的人、被害的人，以及他们抛下的心爱之人，都会一直留在我心中，我也会一直为他们祈祷。

我从批评中获益良多，并没感觉因此而损失了什么。——温斯顿·丘吉尔

与错误相伴而来的是批评。应对批评是领导力必不可少的一部分。**批评并不总是坏事，它有助于我们找出问题所在，重新调整，以改进未来的决策。**不过，批评当然也不总是好事。

当你做任何一件事，尤其是那些从未有人做过、与众不同或颇具争议的事时，毫无疑问，肯定会有人不喜欢。你几乎肯定会遭遇事后批评、嘲弄或责备。有时，批评还不会直接冲着你来，而是通过一些媒介表达出来，或反映在一些报纸、商业期刊的无权引用上。

> 狗不会冲停着的车叫唤。（苍蝇不叮无缝的蛋。）
>
> ——林恩·切尼引自怀俄明州谚语

在五角大楼，我做出的许多决策都会激怒一些人，并让某些人不开心。其中一些决策是信息缺乏造成的，另外一些则是判断错误。有些是很好的决策，那些批评的声音事后证明是错的。不过，还有更多或许即将被证明为错误的决策。我更喜欢哪种情况并不是什么秘密。如果我能未卜先知，在面对当时那些决策时，会采取不同的做法吗？当然。我后悔尝试那些决策？当

然不!

几乎所有领导者都遭受过批评。想想人们对亚伯拉罕·林肯那特别恶毒的批评吧。有一大批人直到他死的那天都在恨他，有些人甚至还庆祝他被暗杀。批评者们叫他为猿猴、傻瓜、蠢货、落伍的乡巴佬、“悲伤的坏驴”和“下流的小丑”。林肯这样青史留名的领导人都遭遇到如此对待，其他人就更别想在公众生活中毫发无伤了。

{ **要知道，你遭到的批评或许跟你的知名度密切相关。** }

二十世纪七十年代，乔伊丝和我与前司法部长罗伯特·肯尼迪的遗孀埃塞尔·肯尼迪共度了一段时光。我们经常周日下午一起打网球。有个周末，乔伊丝和我受邀前往肯尼迪家族位于马萨诸塞州海恩尼斯港的“肯尼迪大院”。和往常一样，肯尼迪家族仍是媒体热议的焦点。当时，媒体正在讨论肯尼迪家两个小孩的滑稽动作。在去肯尼迪家的路上，乔伊丝和我从收音机中听到了这些。

到达海恩尼斯港后，我们向埃塞尔表示了同情，说那事儿之所以成为新闻，全都是因为他们家族名气太大。

埃塞尔说：“作为肯尼迪家族的一员，我们的孩子会得到好处，但也得承受压力。这就是生活，很公平。”这种生活态度真是令人耳目一新，从此，我便牢牢地记住了它。

保持你的幽默感。

遭受批评时，良好的幽默感和谦逊的态度会对你有帮助。我在五角大楼办公室的墙上贴了一些卡通画。其中有些是关于我的搞笑图片，能帮助我正确地看待生活。年复一年，墙上的卡通画越来越多。我偶尔会想起哈里·杜鲁门总统那句著名的评论："如果你想在华盛顿交个朋友，那就去买条狗吧。"在华盛顿待了几十年后，我又加上了一句话："要养狗，最好也养条小狗，免得它咬你。"这句话被我的朋友——《纽约时报》专栏作家比尔·萨菲尔称为"拉姆斯菲尔德推论"。

随着时间的流逝，很多事也会慢慢淡化。认识到这一点，也有助于看清生活。我在尼克松政府供职期间，有一次跟总统及其他内阁成员到旧金山要塞公园参加一场会议。会议讨论的主题是如何有效管理联邦政府的巨额财产。午间休息时，我们出了开会的大楼，沿着一条小路走到一个码头。有只小船候在那里，准备带我们去游览港口。总统的出现引来了很多围观的人，大家都想见见他。

尼克松经过时，我们能听见路旁的行人又是鼓掌，又是激动地大喊："是总统！"其他高级官员经过时，人们又喊"是副总统"或"是内政部长沃利·希克尔"。我是内阁中职位最低的成员，走在队伍最后。然而，我经过时，还是有人喊了句"那是拉姆斯菲尔德"。我笑了，并产生了一个有趣的念头：我们穿过那条路的时候，竟没有人——一个都没有——叫一声我身边那个又高又瘦的男人。他的名字叫查尔斯·林德伯格。

早在几十年前，这位同伴就是全世界非常出名的人之一。仅仅一张他的照片，便是头版新闻。他是位航空先锋，年仅二十五岁就成了历史上第一个从纽约飞越大西洋，直抵巴黎的人。他的家庭曾是全国媒体热议的对象，因为他儿子在家中遭到绑架，那件案子无疑是一宗"世纪罪行"。他不愿美国加入二战的想法曾为他赢来无数追随者，而其他人则为此而谴责他。曾经风靡一时的林迪舞，也得名于他。

我这样一个前海军飞行员，能跟全世界最有名的飞行员走在一起，真是十分特别的一刻。然而，在我们俩继续紧跟在尼克松总统身后，朝码头走去的一路上，依然没人认出林德伯格，把他指出来或轻声呼唤他的名字。一路上，有人叫出我的名字，却没人叫出他的名字，这一点是很有启发性的。正如人们所说，名声是短暂的。最重要的是名声消失后你还有什么——希望是一个稳固而有爱的家庭、朋友、诚实，以及曾奋斗过的感觉吧。

除了相信直觉、接受批评并从中学习和看清楚生活的能力之外，领导力有时也来自其他一些难以捉摸的东西：深谋远虑或老掉牙的好运气。

一九五一年，在“威斯康星”号战列舰上做见习军官的我震惊地发现，这艘二战期间曾炮击日军的强大战舰竟抛锚陷在了新泽西边界处的哈得孙河。船员们想尽一切办法，试图将它从泥地里拉出来，甚至一度动用了一打左右的拖船。然而，直到有人把这些拖船都组织到一起，他们才成功地把“威斯康星”号从新泽西岸边拖出来。或者，我想应该是拖出来了。

多年以后，我跟海军作战部长埃尔莫·朱姆沃尔特上将聊天，把我在“威斯康星”号战列舰上服役时的这个故事告诉了他。我觉得，这个故事说明了齐心协力的重要性。令我惊讶的是，他说那天他也在船上。他告诉我，我的回忆基本正确，但有一点除外：把大军舰拖出来的，不只是拖船。真正让海军免于尴尬的是，所有拖船一起发力之际，正好涨潮了。从此以后，我再讲述那个故事时，就能说得更加完整了。这个故事告诉我们：除了倾尽全力、通力合作，我们还能再从上帝那里获得一些帮助。

我们无法保证一定能成功，却可以在成功到来之际做到受之无愧。——乔治·华盛顿

我如今的年纪，已经比美国历史的三分之一还长。这表明，我虽渐老，但

我们的国家还依然年轻。自我出生起，美国已经历了十四位总统。我有幸见过其中的十一位，并与四位一起工作过。在我有生之年，我们的国家经历了经济危机、世界大战、冷战，以及其他许多冲突和危机。我们的国家经历过繁荣时期，也经历过萧条时期。但一直以来，对世界而言，美国都是一个优秀的领导者。

> 爱国主义不是短暂疯狂的情感迸发，而是一生平静坚定的奉献。
>
> ——阿德莱·史蒂文森

一九五四年，我和大学同学一起聆听阿德莱·史蒂文森讲话时，美国已迈入一个新纪元。我们正从后二战时期向冷战早期过渡。电视机刚开始走入千家万户，人们获取新闻的主要方式，还是看日报和周刊。

如今，报纸已逐渐过时，一些主要的新闻杂志也已停刊，而电视不仅有数百个频道，还几乎到处都能收看，不再局限于客厅。多年前我在美国海军开的那种崭新锃亮、最为先进的飞机，如今已像古董一样挂在了博物馆的天花板上。

虽然美国人口越来越多，人口构成也更加多样化，但我们的本质没有发生改变。很多年以前，新一代美国人有幸住在这个特别的国家里。这些富于同情心、满怀希望的人到了这片土地上，就将拥有第二次、第三次甚至第四次机会。除了美国，世界上没有任何一个国家会选举非贵族、非家族世袭或者甚至都不在精英行列的人做领导者。我们的宪法起草人有农民、作家、商人，有穷人也有富人，从南到北，毫无地域限制。我们犯过错，也失败过，但我们不屈不挠，终于获得了成功。

一些人持怀疑态度看待我们的国家。一些人说，政治是腐败的，政府似乎根本没用。在现代文化中，某些因素是会滋生无缘无故的暴力和恐惧的。我们时不时地就能在辩论和公众对话中看到礼仪缺失的情况。

尽管那些都是事实，但并不是美国的核心。即便我们的国家似乎有走错方向的时候（我就遇到过几次），我们也总能赶在无法挽回前及时纠正过来。

{ 这个世界是由那些勇敢站到台前的人管理的。 }

美国人民都是心中有准绳的人。只要有足够的信息，他们通常都能做出正确的决定。或者，正如温斯顿·丘吉尔观察的那样："试尽所有的方法后，美国人总能找到正确的决定。"

二十世纪被称为"美国的世纪"。我知道，如今依然会有人问：还会不会有另一个"美国的世纪"？或者说，属于美国伟大领导者的时代，是否已经结束？难道你不认为，我们的先辈们应该也问过这些问题吗？和现在一样，那时的伟大领导者们也时刻准备着贡献自己的一份力量。然而，我们连他们的名字都不知道。有些人拿着微薄的工资，驻守在全国各地枯燥乏味的军事基地里。他们每隔几年就要举家搬迁，在艰苦的环境中养大自己的孩子。

直至在二战中遭受攻击，国家有了紧急需求，美国民众才发现，那些伟大的领导人就在那里。事实上，他们一直都在。那些品德高尚、才华横溢、富有奉献精神的人能在如此艰难的环境中挺身而出，真不啻国之大幸。在祖国召唤之际，那些加入军队，和万千无名战士站到一起的人有：马歇尔、艾森豪威尔、布拉德利、麦克阿瑟、阿诺德和尼米兹。也有挺身而出的文职人员：罗斯福、杜鲁门、范登堡、史汀生和尼采。

上述许多领导人都对美国情有独钟，因为他们是从另一个角度来看待美国的。一场全球大战打响之时，美国不过是众多国家中的一员。但那场战争结束之时，它给予美国的助力，却让其一跃成为历史上最伟大的国度之一。

能从不同的角度去体验美国，是我此生最幸运的经历之一。在担任美国驻北约大使期间，我与家人在国外住了一段时间。我遇到的大多数欧洲人看待美国的目光都很尊敬。他们记得那些曾两跨大洋，帮他们把欧洲大陆从专制中解放出来的人。他们记得那个坚持崇高理想的国家——即便有时它的领导者们没能实现那些理想。我遇到过一些人，他们想把自己的女儿送来美国，好让他们的外孙能成为美国人。可以说，作为一名美国人的荣耀感，必将永世长存。

只要有能力并愿意成为领导的年轻人不断出现，美国便永远都是全球的希望灯塔。我坚信，这样的人一定存在。我也有绝对的信心，必要之时，他们一定会站出来，像无数先辈一样迎向属于他们那一代的挑战。

不要误会，我并不是说这些领导者的表现永远都完美得无可挑剔。有时，他们也会跌倒。但他们会再次站起来，拂掉尘土，继续前行。哈里·杜鲁门过去常常谈起他在亚利桑那州见过的一段墓志铭：“杰克·威廉斯长眠于此。他已尽力。”仔细思考一下，或许这也可以成为任何领导者的自省之语。如果回顾自己的职业生涯，你也能说类似的话，那么，你就太幸运了，因为你已经出色地完成了自己的工作。

致　谢

本书花了近八十年时间完成。书中的规则当归功于二十世纪最杰出的一批人，我有幸在不同时期与其中的一些人共事过。众人里，劝说我将这些睿智之语整理归档的，还是美国第三十八任总统杰拉尔德·R. 福特。

我起念要把拉姆斯菲尔德的这些规则写成一本书时，求助了两位年轻的作家。他们不仅在我写回忆录时提供过帮助，也在书的出版过程中发挥了重要作用。基思·厄本和马特·拉蒂默帮我梳理了这些规则，把它们写成故事。没有他们的才能、幽默、耐心和推动，该项目一定会困难得多。成书过程中，哈珀柯林斯出版社负责本书的编辑亚当·贝洛和副编辑埃里克·迈耶斯提供了极好的反馈意见。我也要感激我办公室里的同事：琳达·菲古拉、布里奇特·塞德拉切克、伊丽莎白·库恩、萨拉·科南特和雷姆利·约翰逊，还有实习生埃伦·克里斯琴森和尼古拉斯·米尔恩。这本书能顺利出版，离不开他们的帮助。

我还要感谢率直的读者们，谢谢你们阅读本书的初稿，并提出十分有用的建议。这些人包括：酉卫·克拉克、拉里·迪·丽塔、布鲁斯·拉德、琼·爱德华·史密斯和马林·斯默奇。此外，还有些人阅读了部分原稿，我也很感谢他们提出的见解。这些人包括：戴维·朱、道格·费思、吉姆·丹尼、比尔·加拉格尔和埃德·詹巴斯蒂亚尼上将。

我还要感谢我最亲密的顾问——六十多年来始终直言不讳的乔伊丝·拉姆斯菲尔德。

感谢各位！

附录一

拉姆斯菲尔德个人履历

1932年	生于伊利诺伊州芝加哥
1946年—1950年	就读于新特里尔高中
1950年—1954年	就读于普林斯顿大学（学士）
1954年	与玛丽昂·乔伊丝·皮尔逊结婚
1954年—1957年	在美国海军服役，先后担任海军飞行员、飞行教官和飞行教官教员
1957年—1975年	美国海军预备队成员
1957年—1959年	俄亥俄州共和党众议员戴维·丹尼森的行政助理
1959年	密歇根州共和党众议员罗伯特·格里芬的行政助理
1960年—1961年	芝加哥A.G. 贝克尔公司所属投资银行的投资经纪人
1962年—1969年	从伊利诺伊州第十三国会选区当选美国众议院众议员，1964年、1966年和1968年获连任
1969年—1970年	经济机会办公室主任、总统助理、总统内阁成员
1971年—1972年	经济稳定计划负责人、总统顾问、总统内阁成员
1973年—1974年	美国驻北约大使，比利时布鲁塞尔
1974年—1975年	杰拉尔德·R. 福特总统的白宫办公厅主任
1975年—1977年	美国第十三任国防部长，获总统自由勋章
1977年—1985年	西尔列制药公司执行总裁

1982年—1983年	罗纳德·里根总统签署《联合国海洋法公约》的总统特使
1983年	罗纳德·里根总统的中东特使
1988年—2001年	吉利德科学公司董事会成员、董事长
1990年—1993年	通用仪器公司执行总裁、董事长
1998年	美国弹道导弹威胁评估委员会主席
2000年	美国国家安全太空管理与组织评估委员会主席
2001年—2006年	美国第二十一任国防部长
2007年—	拉姆斯菲尔德基金会主席
2011年	《纽约时报》畅销回忆录《已知与未知》作者

附录二

拉姆斯菲尔德的金科玉律（完整版）

经管类

1. 监控带来进步。
2. 只有做到有选择性，你希望中的定期报道才会有所改进。你优先让媒体报道的事，便会成为你所在机构的优先事项。
3. 无法计量之事，也永远无法达成。（彼得·德鲁克）
4. 一流的人雇用一流的人，二流的人雇用三流的人。
5. 勇于做出艰难抉择。有时，这是成为领导的必要条件。
6. 如果没有批评，你或许也不能成就多少大事。
7. 狗不会冲停着的车叫唤。（苍蝇不叮无缝的蛋。）（林恩·切尼引自怀俄明州谚语）
8. 你放弃的那条路看起来总要更平坦一些。（众议院资深议员邓肯·亨特，加利福尼亚州众议员）
9. 了解你的顾客。
10. 确立一些关键主题，并严格遵守。这么做必有成效。此外，你还需要不断重复。“质量”“顾客”“创新”“服务”“安全”……你来选择！

11. 用市场检验理念。集思广益大有裨益。
12. “大胆、革新、创新”这个概念出来以后，我们就要当心了。有些点子的确符合“大胆、革新、创新”的标准，但也是愚蠢的点子。
13. 相信你的本能。成功取决于——至少部分取决于——“应变”能力。
14. 身处底层时，要乐于向上级学习。
15. 如果迷失了方向，记住三点：爬升、节油、呼救。（美国海军SNJ机飞行指南）
16. 小心以下论点：“这是一个适合投资的时期，你将获得长远收益。”长期投资和短期投资之间的争斗是有好处的，但没有短期投资，便不会有长期投资。
17. 管理者们推荐了太多“曲棍球球棍”般的计划。这种计划在前一两年都会走下坡路，之后才能大幅向上提升。如果你接受“曲棍球球棍”计划，你便会发现，可能年复一年，提出的都是这种计划。
18. 最糟糕的错误就是拿着最好的梯子，却搭错了墙。
19. 没有目标，便只能随波逐流。（对刘易斯·卡罗尔的阐释）
20. 你可以制订很多计划，却只能有时间完成其中的少部分。因此，请遵循以下步骤：思考、规划、修改、执行，并将这些计划分派给优秀的人。给他们权力，并让其承担起相应的职责。过于亲力亲为，只会阻碍事物的发展。
21. 比尝试更难、比实施更危险、比成功更不确定的，是引进新秩序。（尼科洛·马基雅弗利，《君主论》）
22. 制订计划不仅要有前瞻性，还要有回溯性。先设定目标，然后再回过头来制订具体计划。你或许会发现，某些目标根本就无法实现。
23. 不要像新飞行员一样“过量操控”。只有放松，才能更好地观察和估量。
24. 我们期待的事很少发生，我们最预料不到的事却常常成真。（本杰明·迪斯雷利）
25. 如果你不愿意相信某事，那便没有不容忽视的证据。

26. 千里之堤，溃于蚁穴。
27. 存活下来的不是最强大或最聪慧的种族，而是对变化反应最灵敏的种族。（对查尔斯·达尔文的解读）
28. 如果你不喜欢改变，就更不会喜欢与自己无关的事。（埃里克·新关上将）
29. 缺乏一致性的东西不保险。
30. 如果要克服所有反对意见才能开始，那便只能永远都一事无成。（塞缪尔·约翰逊博士）
31. 流行的共识最为顽固。（玛格丽特·撒切尔）
32. 律师就像海狸，会跑到河中筑坝拦水。
33. 设立一个副职，发展一名接班者。
34. 绝对不要雇用你无法开除的人。
35. 把所有选择都摆到台面上来。通过逐一甄选它们，便能渐渐厘清竞争中错综复杂的局势。
36. 不要认为你永远不会做的事，别人也不会去做。
37. 推理的前提若有失精准，就不可能拥有逻辑完美的推理，也不可能得出精确的结论。
38. 发起新活动前，找出目前可以停止的事——任何事都可以，比如报道或活动等。这种办法很有效，但你必须要鼓励、说服或强迫组织接受它。
39. 记住“牙尾比率”。“尾”需要扮演的唯一角色，就是支持“牙”。
40. 昨日对未来的憧憬，是失效最快的事。（理查德·科利斯）
41. 不要自动填充空缺职位。将一些职位空缺半年，看看它们是否还有存在的必要。
42. 很多人都有检查并改进事物的能力，但只有极少数人能确定遗漏了什么。
43. 减少管理层级，它们只会拉开公司高层和顾客之间的距离。
44. 有时，必须要杀鸡儆猴。（中国谚语）
45. 我分不清倒霉的人和无能的人，这两种人都是我无法容忍的。（柯蒂斯·李梅

上将，美国空军）

46. 当准备遇到机遇时，幸运就降临了。（塞内加）
47. 开会需要考虑的第一件事就是：是否真有开会的必要。
48. 会议的最后一个要点：“我们有漏掉什么吗？”
49. 不要因为某人有不同意见，就不让他参会或发言。
50. 沟通时，别觉得自己时刻都要发言。
51. 一致同意不是胆怯，就是缺乏批判性思维。（小马里昂·J. 利维）
52. 如果一件事人人都赞同，那它肯定是错的。（莫·尤德尔众议员，亚利桑那州民主党人）
53. 你无法说服某人放弃一件他本就不认同的事。
54. 迟钝是最愚蠢的事。（托马斯·杰斐逊）
55. 发现的本质在于试错法，你的组织应该欢迎这种方法。
56. 自上而下清晰传递的命令，再加上共识，便能营造出信任、信心和团结。
57. 不要死等上级、同事或员工们的反馈。问问他们你有没有应该做却没做的事，或你正在做的事是否是你不该做的。
58. 无法解决的问题或许并不是问题，而是事实。你无法解决事实，只能渐渐应付它。（希蒙·佩雷斯）
59. 如果一个问题无法解决，就放大它。（德怀特·D. 艾森豪威尔）
60. 相对迅速地弄清某个问题的80%并不困难，但剩下的那20%有可能永远都弄不清——这一点适用于大多数问题。
61. 大多数人都会把时间花在“紧急的事”而非“重要的事”的上。（罗伯特·M. 哈钦斯，芝加哥大学前校长）
62. 要想得到支持，就不要剥夺他人全程参与的权利。
63. 即便会惹怒某人，也要鼓励他人各抒己见。
64. 不论是否有价值，新观点总会招致反对。

65. 不要因为提出建议的人或许会惹你生气，就做出错误的决定。

66. 如果一项计划很难懂，那它就很有可能是一项并未思虑周详的计划。

67. 这项策略在改变之前，都能代表我方政策。（马林・菲茨沃特）

68. 如果你不知道先做哪三件事，那你就根本没找到需要优先完成的事。

69. 对自由本身缺乏信仰，是人们反对自由市场的根本原因。（米尔顿・弗里德曼）

70. 花别人的钱，永远没有花自己的钱小心。

71. 你值得花时间了解72法则，了解时间和金钱的力量。

72. 想办法分散任务、裁减员工，如此一来，你才能成为有效率的领导。

73. 每年都删减业务、产品、活动和人员。

74. 人们认为，专注意味着赞同正着手之事。其实不然，专注的含义应该是拒绝其他无数的好点子。（史蒂夫・乔布斯）

75. 要想有摩擦力，就得先摩擦。（吉姆・埃利斯上将）

76. 有操作经验的领导会更优秀，而更优秀的领导也绝不会缺乏操作经验。此外，这一点也将有助于站在他人的角度看待问题。

77. 不要让大公司的复杂性掩盖了对卓越的需求。官僚制度可能会拖垮一家大公司。虽然在世界舞台上竞争，你可能需要一家大公司，但不要让规模成为表现不佳的掩饰。

78. 做好某事的最好办法就是竭尽全力。

79. 简历不能晦涩难懂。

80. 雇错人责任全在雇主，而非员工。

81. 计划来自于实际操作。

82. 也许，解决自私的最好办法就是让人们拥有财产权。（詹姆斯・Q. 威尔逊博士）

83. 一个人开始自我膨胀之时，便是其下坡路之始。

84. 要想确定事物的发展方向，就使用“门扉测试法”。

85. 缺乏好领导的优秀组织终将没落；而不完美的组织，只要管理有方，就会蒸蒸日上。

政府类

1. 身为公职人员，你们的服务对象是美国民众和美国。做好你们的工作吧！
2. 联邦政府通常都不是第一个求助对象，而是最后一个。遇到项目时，先私下求助志愿组织、当地政府或州政府，看它们能否更好地将其解决。
3. 联邦的钱都来自纳税人，要将其视作“辛苦钱”。
4. “纳税人的钱”很难物尽其用。
5. 国会、媒体和联邦政府往往都太关注花了多少钱，而非这些钱是否已经取得预期的效果。
6. 公家的钱把私人的钱都赶跑了。（众议员汤姆·柯蒂斯，密苏里州共和党人）
7. 尽量做出能自动生效的解决方案。因为越思量，耽误的时间就越久，耗费的资金就越多，组织的规模也会越来越臃肿。
8. 总统的领导并非总是需要花钱。寻找一些花销少或免费的项目吧，它们有可能会带来意想不到的效果。
9. 激烈的反对往往毫无缘由，不过是心生愤懑而已：“为何不考虑我的意见？”（丹尼尔·帕特里克·莫伊尼汉参议员，纽约州民主党人）
10. 如果心存疑虑，那就别做。如果仍无法确定，那就做正确的事。
11. 当你深陷鳄鱼群中时，努力回想一下你的初衷。你之所以会在那里，是因为想抽干沼泽里的水。
12. 不论你做什么，都会有人不喜欢。
13. 政治跟人密不可分！若执政者无能，再好的理念也没用。（埃德·福伊尔纳博士）
14. 每个政府在分析其他政府的行为时，总是夸大其行为的合理性，强调阴谋论；而低估其无能的程度，无视偶然性。（美国巡回法院法官劳伦斯·西尔贝曼）
15. 初来乍到时，是你能力最弱却最受欢迎之时；金盆洗手时，是你能力最强却最不受欢迎之时。（英国前首相托尼·布莱尔）
16. 人们能原谅你犯错，却不能原谅你正确。（罗伯特·巴特利，《华尔街日报》

编辑）

17. 从事艰难工作时，你总会觉得每一天都很漫长，每一年却如此短暂。（前国务卿乔治·舒尔茨）
18. 美国是个富裕的国家。虽然没有富到无所不能的地步，但也足够做一切重要的事。（赫布·斯坦）
19. 管理美国联邦政府中的某个机构，有两个关键准则：第一，知道的消息越多越好；第二，永远不要吃惊。（约翰·罗布森）
20. 一名政客的职责在于让自己的想法与国民的看法一致。太超前的想法会让其失势，而太落后的想法则无法让他掌控住事态的发展。（亨利·基辛格，《动乱年代》）
21. 华盛顿最重要的规则有两条：一是“掩盖事实真相比坦白更糟”；二是“从来都没人记得第一条规则”。
22. 政府只能做好两件事——一无所成和反应过度。
23. 一个古老的帝国（组织）当然会被官僚制度拖垮，因此，拥有新思想的组织总能将其取代。
24. 我们永远都不应该错过一场严重危机所带来的机遇。（拉姆·伊曼纽尔）
25. 在华盛顿，告别派对的规模与主角即将继任的新职位及其分送临别礼物的能力成正比。（德文·G. 克罗斯）
26. 如果你想在华盛顿交个朋友，那就去买条狗吧。（哈里·S. 杜鲁门）拉姆斯菲尔德认为：最好买条小狗，因为它很有可能会攻击你。
27. 事后才看清一切，是人们唯一的特长。（约翰·里德，前英国国防大臣）
28. 若政府不能做好政府的事，那还如何让别人相信政府也能经商？（埃斯·格林伯格）
29. 六十平方英里的华盛顿是一块被现实世界包围的“幻想”之地。

新闻类

1. 信任易失不易得。
2. 不要迷恋或怨恨媒体，他们有他们的事要做，你也一样。（乔伊丝·拉姆斯菲尔德）
3. 你永远不会因为没有说过的话而陷入困境。（迪克·切尼最爱的一条准则，据说出自萨姆·雷伯恩之口）
4. 如果你不想让某些话见诸报端，就管好自己的嘴。
5. 见风使舵这种做派不够诚实，并且往往会让你自食其果。
6. 人们的反应与你的付出成正比。（副总统纳尔逊·洛克菲勒）
7. 在公开辩论中，肯定的言论总要多过支持这些言论的信息和数据。
8. 但凡不正确的事，你都能在报纸上找到大量相关报道。（托马斯·杰斐逊）
9. 认为新闻界的每个人都在寻求真相，是一种战略失误。（皮特·斯库梅克上将）
10. 首先，要说实话。其次，尽量言简意赅。（石壁将军杰克逊）
11. 真理未出门，谎言传千里。（马克·吐温）
12. 对一名政客来说，最难理解的风险就是曝光过度。
13. 阳光明媚是天气预报，洪水泛滥才是新闻。（据说出自全国广播公司的鲁文·弗兰克之口）
14. 希望我今天说的话还算动听，因为说不定明天我就会后悔。（众议员莫·尤德尔，亚利桑那州民主党人）
15. 有三种回答记者问题的方式："这事儿我知道，我马上就告诉你""虽然我知道这事儿，但无可奉告"，以及"我不知道"。（丹·拉瑟）
16. 不要接受一个前提不准确的问题。如果有必要的话，换种说法来表述这个问题。
17. 你不是目标，就是源头。（罗伯特·诺瓦克）
18. 并非所有负面新闻都有失偏颇。一旦遇到此类情况，请先找找原因。
19. 事实胜于雄辩。

20. 与媒体打交道，没有什么东西是“私底下的”。

21. 知者不言，言者不知。（老子）

22. 如果核查事实，任何事都站不住脚。（一位匿名的芝加哥记者）

23. 那些狭隘之人眼中，永远看不到真正的伟大。（温斯顿·丘吉尔）

情报类

1. 那些你知道自己已经知道的知识，属于“已知的所知”；那些你知道自己不知道的知识，属于“已知的未知”；还有一些你不知道自己不知道的知识，它们就属于“未知的未知”。

2. 知之为知之，不知为不知，是知也。（孔子）

3. 战争中的很多情报都是相互矛盾甚至错误的，或者可以说，至少大多数都是不确定的。（卡尔·冯·克劳塞维茨）

4. 告诉别人你知道什么，不知道什么，然后再说出你的想法。确保你已经分清了这三个步骤。（科林·鲍威尔）

5. 知道什么是你不知道的。危害最大的领导是那些自以为是，实则大错特错的人。（玛格丽特·撒切尔）

6. 世界上唯一值得惊讶的事就是我们还会一直惊讶下去。

7. 缺乏证据并不等于没有证据，更不等于证据不存在。

8. 一些东西（你看见的），加上剩下的东西（你看不见的），就等于全部。（巴尔迪定律）

9. 第一批报告往往都是错误的。

10. 成功的伪装很难被人发现。

11. 没有发挥应有作用的预警时间是一种浪费，正如失去跑道的飞行员一般。（李·巴特勒上将）

12. 山雨欲来风满楼。（中国谚语）

13. 可以雇用一些多疑的人。他们虽然误报率高，但能洞悉所有阴谋。（赫尔曼·卡恩博士）
14. 说服别人相信他们是正确的，比说服其相信他们是错误的更容易。
15. 研究同源群体，取一个样品就够了。（赫尔曼·卡恩博士）
16. 哦，真的吗？那你觉得他的动机是什么？（得知俄国大使死后，塔列朗在维也纳会议上说的话）
17. 情报机构就好比一个个独立的封建领地。（戴维·杰里迈亚上将）
18. 在后冷战时代，情报并非数豆子那么简单。我们还需要了解其背后的文化和意图。（查克·霍纳上将）
19. 事实不可能成为情报。（前中央情报局局长迈克尔·海登上将）

政治与国会

1. 政治是由人组成的，参与其中的人只会越来越多，不会越来越少。
2. 政界有三条规则：其一，如果参加竞选，你有可能会输；其二，如果打成平局，不算你赢；其三，最重要的是，除非参加竞选，否则你永远都无法取得胜利。
3. 政治上，每天都有许多犯下大错的机会。尽情享受吧！
4. 赢家并非永远都是行动最快、最自信或最聪明的人，而是那个愿意早晨五点起床，到工厂门口与人们见面的人。
5. 不赞同并非不忠。（柯蒂斯·E. 萨哈吉恩）
6. 要是听见谁说“我不太了解政治”，赶快捂紧你的钱袋。
7. 石油比剑威力更大。（参议员埃弗里特·麦金利·德克森，伊利诺伊州共和党人）
8. 在政界，你必须迈向炮火连绵之地。
9. 记住你来自何方。
10. 行政机构和立法机构之间的差别在于：行政机构有数据，而国会则有不法勾当。（道格·内塞瑟里）

11. 每个进入美国国会的人都是有原因的。他们的出现并非偶然。找出那个原因，你便能知道一些有用的东西，一些与他们、与我们的国家，也与美国人民有关的东西。
12. 小鱼儿，别乱动，我要开始解剖你了。（弗吉尼亚州民主党众议员霍华德·史密斯，他描述的是“完善修正案”的过程）

白宫

1. 除非你确信可以自由地向总统“进言”，否则就不要接受那个职位。
2. 拜访你的前任。他们的行事经验能让你少走弯路。努力只犯新错，别不必要地重复他们已经犯过的错误。
3. 不要诋毁你的前任或继任者。毕竟，他们做决策时你并不在场。
4. 你的表现取决于与你共事的人。挑选最优秀的人才，给予他们训练和支持。如果他们犯错，请更好地指导他们。如果问题持续，请帮助他们走下去。国人可不会容忍白宫罢工。
5. 总统需要大量信息。不要过分限制总统接见众人或吸收新点子。如果你监控过度，那“实际管理者”便成了你，而非总统。只有信息量大到可能会浪费总统时间了，你才算真正在让他“抉择”。
6. 竭尽所能执行总统的命令。
7. 要知道，白宫员工和其他政府成员都可能认为你的态度、口气和语速表达的都是总统的意思。
8. 学会说“不知道”。这句话一旦运用得当，就会经常出现。
9. 坏消息不会随着时间的推移而变好。如果你搞砸了，告诉总统，并迅速纠正错误。拖延只会让问题变得更加复杂。
10. 如果你反对或怀疑总统并未考虑到某事的重要方面，那就不要自动服从他的命令，而应该回去告诉他，你不同意。
11. 四处走走。你要是不出现，人们对你的错误印象便将永远随着你职位的神秘性而延续下去。毕竟，你可能没有某些人说的那样糟糕。

12. 领导力在于让人赞同，而非强制命令。要实现真正的领导，总统就必须要能说服他人。
13. 尽量做到准确无误。在失之毫厘、谬以千里的情况下，缺乏准确性是极其危险的。
14. 维护总统的意见吧，他需要你们的支持。
15. 卷入某事比抽身而退容易得多。
16. 无论情况多么错综复杂，设定目标，勇往直前，不要理会任何批评，竭尽全力做到最好。
17. 永远不要说“白宫希望……”，建筑是没有意愿的。
18. 你已经无暇分身，没法再管第一家庭的事了。
19. 你应该全权负责跟总统个人安全有关的重要决策。你虽然归他管，但别让他还要操心安全问题。
20. 不要责备老板，他的麻烦已经够多了。
21. 当副总统很难，不要再雪上加霜了。
22. 你和白宫的所有成员都一定要做到至少表面上无可置疑。你们需要树立正确的榜样。
23. 白宫办公厅主任扮演的角色，就好比一名“标枪捕手”。（杰克·沃森，吉米·卡特总统的白宫办公厅主任）
24. 别觉得自己是总统，你不是。
25. 努力维护和加强总统职权的完整性，请保证在你卸任之际，它会变得比你上任之时更强大。
26. 看看总统、内阁和其他成员是否已经得到足够的信息。如果没有，他们做出的决策便可能失误或缺乏说服力，让人无法安心执行。
27. 倘若犹豫不决，交给老板处置。
28. 向总统提出问题后，尽量得到具体解决方案和相关先例后再离开。

29. 在总统做决定前，请确保他已经听完了所有该听的意见。
30. 如果一件事不需要总统亲自定夺，你就全权负责了吧。
31. 给你的员工可以检验其决定的指导，否则他们的行为就有可能出乱子。
32. 亲近总统需要付出的代价之一是你有义务把坏消息传达给他。你要是不愿意做这事儿，就不仅会害了你自己，还会害了总统。
33. 在总统的领导才能中，最重要的就是使用语言和时间的能力。这两种能力应该得到最大限度上的锻炼。
34. 让内阁和企业内的各部门做决定吧。下放权力和责任，让他们变得更强大。
35. 工作中，如果你被收件箱牵着鼻子走，那你就是在优先解决他人的事。
36. 跟国会打交道，就好比通过一扇“旋转门”。也许明天你就会回过头来向今日的对手寻求帮助。某些时候，不论某个成员的信仰、党派或在其他事务中的立场如何，总统都会在某些事务上寻求他的帮助。
37. 虽然自始至终你都在努力精简白宫成员，但现实的压力，尤其是选举季的压力，往往让你招进了更多人。
38. 总统身边的人进入政府前都是骄傲之辈，很多人还不乏骄傲的资本。即便任职白宫，也不能让其变得更为谦逊。
39. 今日未尽的职责，终将成为明日的危机。（杰拉尔德 · R. 福特）
40. 尽情享受担任公职的时光吧。这可能是你此生最有趣的，当然也是最具挑战性的一段经历。
41. 不要认为自己是不可或缺或永远正确的。
42. 记住：你并不重要，重要的是你肩负的职责。
43. 伟人之墓多不胜数。（查尔斯 · 戴高乐）
44. 要敢于辞职。这既能提升你在总统心目中的价值，又能促使你表现得更好。
45. 不要为了工作牺牲一切。
46. 如果媒体或他人询问你的看法，记住：他们真正想知道的，其实是总统的看法。

47. 你每周收到的大部分请柬，请的都是总统的白宫办公厅主任，而不是你这个人。如果你不信，请问问你的前任，他卸任后收到过多少请柬。
48. 要知道，你遭到的批评或许跟你的知名度密切相关。
49. 别慌张，事情或许并不像内部人员看到的那样糟。
50. 保持你的幽默感。“猴子爬得越高，你就越能看清楚它的屁股。”（约瑟夫·史迪威上将）

国防部

1. 宪法第一条讲立法，第二条才讲行政，这并非偶然。
2. 速度至关重要。它能创造机会，让敌人的计划落空，并加速其灭亡。
3. 攻击和防御相辅相成，没有什么是一成不变的。
4. 美利坚合众国的总统也是三军总司令。军官和文职领导都应该理解并尊重“文官统治”政策。
5. 弱点是有刺激性的，常常引发冒险行为。不过，这些行为可被强大的力量震慑。
6. 要想获得和平，就做好开战的准备。（拉丁谚语）
7. 维持和平最有效的方法就是准备开战。（乔治·华盛顿）
8. 你带上战场的，不是你期望拥有的而是你真正拥有的部队。
9. 并不是说这位将军一定比另一位将军好，而是说发号施令的将军，一个就够了。（戴维·劳埃德·乔治）
10. 只能由任务决定联盟，不能由联盟决定任务。
11. 战争就是一系列导致胜利的灾难。（乔治·邦雅曼·克列孟梭，法国第七十二任总理）
12. 当今的冲突更像电阻器，而非电灯开关——打开是战争，关上就是和平。我们的很多规则和策略都与之不符。（皮特·斯库梅克上将）
13. 国防部长不是超级上将。他的职责是代表总统和国家在国防部行使管理权，执行

"文官统治"政策。

14. 军队每年成功招募、组织、训练和装备成千上万名新兵，靠的就是军士长和中士。
15. 在五角大楼裁员，不要再裁"文官统治"政策需要的那些人，他们已经为数不多了。
16. 一场战争，无论如何开始，都必定会决出胜负，惨烈收场。这件事既无法取巧，也没有任何捷径。（约瑟夫·史迪威上将）
17. 协调好五角大楼和白宫的相互作用。除非你已经为双方的信息交流和往来"任务"建立起一条相对狭窄的通道，否则两者的关系就会变得十分混乱。
18. 如果要犯错，宁可触犯上帝，也不要招惹官僚机构。上帝会原谅你，但官僚机构不会。（海曼·里科弗上将）
19. 要想掌握军中所有事，就跟用茶匙舀出波托马克河里的水一样难。（亚伯拉罕·林肯）
20. 在国防部，普通的管理技巧并非总有效。下放权责时，确保任务不会因为离心力而分崩离析。国防部经过几十年的艰苦努力才凝聚到一起，不要做任何会削弱这种凝聚力的事。
21. 务必建立起国防部、国务院、国家安全委员会、中央情报局以及行政管理和预算局之间的良好关系。你将会需要他们的。
22. 避免公开的争吵。要是两个政府部门在媒体面前争论不休，势必会影响总统的选择。
23. 与参谋长联席会议主席和作战司令官们建立良好的工作关系。他们几乎一直都是杰出的公务员。危急时刻，那些关系将会至关重要。
24. 现在的任务是：不仅要建立信任和信心，还要保持高层的行动一致，以便授权给作战司令官们。
25. 只要设立了正确的目标，即便是一名副官，也能制定出战略。（乔治·C. 马歇尔上将）

26. 对指挥官来说，假设敌人会在某一特定情况下以某种方式行事，是最不可饶恕的错误。（拿破仑·波拿巴）
27. 计划不重要，关键在于制订计划的过程。（德怀特·D. 艾森豪威尔）
28. 一旦开始应敌，任何计划都会不可避免地发生改变。［赫尔穆特·冯·毛奇（老毛奇）］
29. 再忙的指挥官，也有必要考虑敌人的动向。（温斯顿·丘吉尔）
30. 我要是敌人，会做出何种部署？（腓特烈大帝）
31. 和高级军官们共事时，首先要明白他们能走到今天的位置，靠的是为国效力时发挥出的杰出能力。即便你们合作之事并非其专长，你也还是要尊重他们的能力和付出。
32. 无所不备，则无所不寡。（孙子）
33. 从长远来看，处于守势的一方必将落败。（腓特烈大帝）
34. 有人问拿破仑："您认为谁是最伟大的将军？"拿破仑答道："获得胜利的将军。"
35. 在战场上，多一辆坦克比少一辆好得多。
36. 权力和武力之间是有差别的。权力不足时，就需要诉诸武力。（阿利·伯克上将）
37. 为了和平而展开的残酷战争，我们必须要获得胜利。（拉迪亚德·吉卜林）
38. 那种认为冲突不可避免的想法，将会成为导致冲突的主要原因之一。（修昔底德）
39. 我不介意将军们参照以往的战争制订计划，只要他们都属于敌方阵营就行。（海军少将阿瑟·塞布罗夫斯基）
40. 让军队放弃一项老技术，比让他们接受一项新技术更难。（前美国宇航局局长威廉·格雷厄姆博士）
41. 一系列命令后，不要再下达任何补充命令；也不要指望任何需要逐级上报才能得到

批复的命令。（海曼·里科弗上将）

42. 任命参谋长联席会议主席时，尽量选择担任过作战指挥部指挥官或副指挥官的人。同时拥有行政经验和从军经验的人，能更加全面地看待事物。

43. 其实没什么大不了，不过就是头奶牛在平岩上尿尿而已。（无数退休军官和专家大肆批评“他们从未见过的”伊拉克战争计划。对此，绰号“嗡嗡”的迈克尔·莫斯利上将做出了如上评价。）

44. 只有一件事比跟盟友并肩作战更糟，那就是不跟他们并肩作战。（温斯顿·丘吉尔）

45. 如果过去五十年里，美国人听从了某些欧洲领导人的建议，那我们仍将在苏联之中。（瓦伊拉·维基耶–弗赖贝加，拉脱维亚前总统）

46. 我们（爱尔兰共和军）只需要幸运一次，而你们则需要一直幸运才行。（爱尔兰共和军致玛格丽特·撒切尔的声明）

47. 叛乱需要面对的挑战是：他们不需要赢，只要不输就行。（乔治·凯西上将）

48. 在一个武器越来越致命的年代，敌人一旦发动攻击，防御或许便已经来不及了。

49. 威慑这一行为本身便存在不可避免的矛盾：越有可能拥有在极端情况下使用强大武器的势力，其他势力就越不会给其使用这些武器的机会；反之亦然。（迈克尔·昆兰爵士）

50. 任何军事组织都只有在万不得已的战场上才会发生根本性的变革。（前中央情报局局长R. 吉姆·伍尔西）

51. 在战争中就要团结。过去的恩怨已成定局，最好以后再说。我们现在必须要面对的是未来。（希蒙·佩雷斯总统支持以色列总理时说的话）

52. 这场战争不同于上场战争，也不同于下场战争。这场战争就是这场战争。（海军作战部长维恩·克拉克上将）

53. 要是士兵权力太大，战场就会变成小孩的足球场——人人都在追球，结果，不仅无法进球，还会让球场充满变数。（拉里·韦尔奇上将）

54. 不论是军事人员，还是文职人员，待在某一岗位上的时间往往都不足以让其发现自己犯下的错误，更无法让他们在解决错误的过程中学到东西。
55. 你只能得到你检查过的东西，而非你期盼的东西。
56. 五角大楼就像一块漂浮在水里的原木，上面的25,000只蚂蚁都以为自己是掌舵者。（哈里·罗恩博士）
57. 改革从思考开始。（维恩·克拉克上将）
58. 在战争中，较弱的一方应变能力往往更强。规模和力量不仅可能成为阻力，还会引发自满情绪。弱小会带来恐惧，而恐惧则会转化为强大的动力。
59. 在近二十年的时间里，我们有大把的时间，却几乎没什么钱。如今，我们有了大把的钱，却没了时间。（乔治·C. 马歇尔上将在二战中说的话）
60. 管理美国海军，就像整天捶打一个枕头。当你精疲力竭地停下来时，它却毫无变化。（富兰克林·D. 罗斯福）
61. 管理国防部，就像在跟一块七百万英镑重的海绵摔跤。（国防部副部长戴维·帕卡德）
62. 如果你的敌人正在犯错，不要制止他。（拿破仑·波拿巴）
63. 欧洲总是正确的，但也总是慢半拍。对斯大林如此，对希特勒如此，对萨达姆和伊朗也是如此。（希蒙·佩雷斯）
64. 人人都劝林肯不要发动内战。如果他真的同意，便没有如今的美利坚合众国了。（希蒙·佩雷斯）
65. 法律战也是一种战争。（约翰·柳）
66. 需要高层定夺的选择绝不可能简单，而只会是祸福难料、难以抉择的。（国务卿迪安·艾奇逊）
67. 任何一场战争，其爆发的方式和演变的过程都会让人吃惊。（德怀特·D. 艾森豪威尔）
68. 无可避免之事永远不会发生，意想不到之事却经常出现。（约翰·梅纳德·凯

恩斯）

69. 只有那些有勇气捍卫自由的人，才会获得自由。（伯里克利）
70. 将军们的回忆录里永远不会出现自己打的败仗。
71. 当今恐怖分子的力量就是国际社会的弱点。（希蒙·佩雷斯）
72. 古往今来，认为不触犯敌人便能保有自由的例子从不存在。（迪安·艾奇逊）
73. 毫无疑问，多一个人知道机密文件，它被泄露的风险就急速上升。（前中央情报局局长理查德·赫尔姆斯）
74. 独裁者骑虎难下，而老虎正变得饥饿。（温斯顿·丘吉尔，《英国仍在沉睡》）
75. 一位退休将军能提供的最佳表现便是：闭上嘴，不要发表任何意见。（奥马尔·布拉德利上将）
76. 从本质上看，一旦诉诸武力，便不可能只是小打小闹。（德怀特·D. 艾森豪威尔）
77. 精密的武器需要精确的情报。（戴夫·杰里迈亚上将）
78. 我们在一件事上越努力，就会做得越好。但我们做得越好，就越不可能继续下去……因为敌人不是傻子。
79. 太空不仅仅只是另一座更高的山。（爱德华·埃伯哈特上将）
80. 革命的特点是：有胜利者，有失败者，还有痛苦。
81. 我们从没有最终目标。我们只是没时间做出更多改变。（道格·内塞瑟里）
82. 不战而屈人之兵，善之善者也。（孙子）

生活及其他

1. 祈祷的时候不能说谎。（马克·吐温，《哈克贝利·费恩历险记》）
2. 一定要每个人都开心，这天才是开心的。（马西·拉姆斯菲尔德，七岁）
3. 有句话说得很有哲理：要理解生活，就得回顾过去。但人们还忘了另一句话：要继续生活，就得往前看。（索伦·克尔凯郭尔）

4. 一定无权可能是有趣甚至舒心的，一定有权却可能是危险的。
5. 并不是因为事情难我们才不敢做，而是因为我们不敢做事情才难。（塞内加）
6. 生活中最重要，但你看不见的东西有：礼仪、正义、勇气、和平。
7. 上帝并没有要求我们一定要成功，他只是希望我们尝试。（特雷莎修女）
8. 不能改变自己想法的人，永远都无法改变现实。（安瓦尔·萨达特）
9. 劝导是把双刃剑，理性和情感会让它插得更深。（卢·萨雷特博士）
10. 爱国主义不是短暂疯狂的情感迸发，而是一生平静坚定的奉献。（阿德莱·史蒂文森）
11. 最好的问题就是——“为什么？”
12. 要敢于直面你所见到的一切。（罗纳德·里根）
13. 做好充分的准备，才能从容不迫。
14. 正确思考离不开倾听的艺术。这也是人类最优雅、最开放、最慷慨的品质。（圣约翰学院R. 巴尔博士之语）
15. 如果你花了半个小时才写出两段话，那就赶紧换个主题吧。（雷蒙德·阿伦）
16. 向前辈们学习。
17. 除非上场，否则你绝对没法把球抢回来。大胆地去吧！（蒂姆·拉瑟特爵士）
18. 约束自己，别人就不必再来约束你。（约翰·伍登）
19. 不管你做什么，都要做好它。（亚伯拉罕·林肯，郡摔跤冠军）
20. 一旦开始摔跤，生活中的其他事就都很容易了。（丹·盖布尔）
21. 要是不奏效，就霸王硬上弓。（十岁那年，父亲对我基本行事原则的评价）
22. 想他人所想。
23. 无论运动还是生活，都应有所储备。
24. 你一直都有两个选择：行动VS恐惧。（小萨米·戴维斯）
25. 结婚后，始终保证在银行存有一笔应急款，数额为六个月的当前工资。这样的话，你就有底气随时离职，而不必强迫自己干不适合的工作。（乔伊丝·拉姆斯菲尔德

的父亲雷德·皮尔逊）

26. 悲观的好处之一或许是：你也许对的时候比错的时候多，而且，错的时候，你都会很高兴。（乔治·威尔）
27. 人的一生中，要对自己的智慧感到悲观，对自己的意志感到乐观。（比利时驻北约大使安德烈·德·施特克）
28. 陷入困境时，记得转移人们的视线。（阿尔夫·兰登）
29. 生活就如体操，在牢牢抓住下一个吊环之前，绝对不要放开之前那个。
30. 你永远都不知道到底是哪一次用力才能打开罐子，所以，继续用力拧吧。（蒂姆·拉瑟特爵士）
31. 这个世界是由那些勇敢站到台前的人管理的。
32. 下到五岁小童，上至国家元首，从每个人身上，你都能学到东西。（罗伯特·戈尔德温博士）
33. 优秀的海军军官和伟大的海军军官之间的差距是多少？答案：大约六秒。（阿利·伯克上将）
34. 洞穴第一定律：落入某个洞穴后，赶紧停止挖掘，以免越陷越深。（丹尼斯·希利）
35. 人才能打中其他人打不中的靶子，天才能打中其他人看不见的靶子。（亚瑟·叔本华）
36. 我不担心社会的原因在于：当十九个人撞倒两幢大厦，致使数千人丧生时，还有数百人冲入其中，拯救幸存者。这样的事，我每天都愿意做。（约翰·斯图尔特）
37. 任何事情，潜力最重要。（埃尔南多·德·索托）
38. 如果你想学画画，就从冬天开始，因为此时树已落叶，其结构一目了然。（据希蒙·佩雷斯说，此句为中国谚语）
39. 注意观察海龟。只有伸出脖子时，它才会前进。（詹姆斯·B. 科南特）
40. 吃水不忘挖井人。（中国谚语）
41. 越努力工作，我就越幸运。（斯蒂芬·利科克）

42. 读传胜于读史，因为传记述说人生，而非理论说教。（本杰明·迪斯雷里）
43. 历史会善待我，因为我打算写历史。（温斯顿·丘吉尔）
44. 我就是我。（九岁的尼克·拉姆斯菲尔德在听取父母意见时说的话）
45. 你要明白，生活中总会有些高地。你不是在上坡，就是在下坡。
46. 若顺其自然，你就是在走下坡路。（L.W. 皮尔逊）
47. 答案永远都存在。人类的每一个问题都有一个众所周知的结论：正确、貌似正确、错误。（H.L. 门肯）
48. 出现一个问题，并不意味着一定有能解决它的方案。
49. 难以解决的，往往是聪明人做的蠢事。（弗郎索瓦·德·罗斯大使）
50. 如果你觉得事情都在掌控之中，那你前进的速度就不够快。（赛车手马里奥·安德烈蒂）
51. 如果一种文明对自己所有的一切、所做的一切都感到罪恶的话，就会缺乏自我保护的能量和信念。（让·弗朗索瓦·雷韦尔）
52. 想对某事十拿九稳，要么就熟知有关它的一切，要么就对它一无所知。（奥林·米勒）
53. 友谊是人生中最美好的事之一。（亚伯拉罕·林肯）
54. 只有不再苦想某事时，你才有机会去做那件事。
55. 滑雪时，如果你没有摔倒，就代表你根本没有尝试。
56. 检验某人是否智力超群，就看其头脑能否在同时容纳两种截然相反的想法时还照常运转。（F. 斯科特·菲茨杰拉德）
57. 人们会把过错算在那些让他们等待的人头上。（法国谚语）
58. 不可能一下子丧失所有自由。（戴维·休姆）
59. 历史发展有清晰的进程。（W.H. 奥登）
60. 我从批评中获益良多，并没感觉因此而损失了什么。（温斯顿·丘吉尔）
61. 即便与世隔绝，我也不憎恨批评。（温斯顿·丘吉尔，下议院，一九四一年一月

二十二日）

62. 人口至上。（奥古斯特·孔泰）
63. 文明死于自杀，而非他杀。（阿诺德·汤因比）
64. 约翰逊博士在把爱国主义定义为无赖的最后一个避难所时，并未意识到“改革”一词的未竟之能。（罗斯科·康克林参议员）
65. 美国并不是世界出问题的原因。
66. 我这一生太常犯错，已不会再为此脸红了。（拿破仑·波拿巴）
67. 做事半途而废跟完成此事的代价一样大，所以，你最好能坚持到底。（尼克松总统致亨利·基辛格）
68. 对于那些从未离开过英国的人来说，你能指望他们有多了解英国呢？（拉迪亚德·吉卜林）
69. 只有在困境中才能看清一个人的本质。（爱比克泰德）
70. 在停止尝试之前，你永远都不是失败者。（迈克·迪特卡）
71. 追寻真理之路有时的确很难走，但绝非不能走。（教皇约翰·保罗二世）
72. 所见即所得。让你失败的，往往都是未知之物。
73. 我们无法保证一定能成功，却可以在成功到来之际做到受之无愧。（乔治·华盛顿）
74. 成功并不是终点，失败并不是终结，只有勇气才是永恒。（温斯顿·丘吉尔）
75. 所有的概括都是谬误——包括这一条。
76. 如果要制定规则，永远不要超过十条。

图书在版编目（CIP）数据

拉姆斯菲尔德规则 /（美）拉姆斯菲尔德（Rumsfeld, D.）著；梅静译.
—长沙：湖南人民出版社，2014.6
书名原文：Rumsfeld's rules: leadership lessons in business, politics, war, and life
ISBN 978-7-5561-0180-1

Ⅰ.①拉…　Ⅱ.①拉…　②梅…　Ⅲ.①管理学－通俗
读物　Ⅳ.①C93-49

中国版本图书馆CIP数据核字（2014）第115838号

著作权合同登记号：18-2014-055

上架建议：管理/励志

拉姆斯菲尔德规则

作　　者：［美］唐纳德·拉姆斯菲尔德（Donald Rumsfeld）
译　　者：梅　静
出 版 人：谢清风
监　　制：于向勇　康　慨
责任编辑：胡如虹
策划编辑：赵　辉
特约编辑：郑　荃
版权支持：辛　艳
营销编辑：刘　健
封面设计：仙境工作室

出版发行：湖南人民出版社［http：//www.hnppp.com］
地　　址：长沙市营盘东路3号
邮　　编：410005
经　　销：新华书店

印　　刷：北京天宇万达印刷有限公司
版　　次：2014年9月第1版
　　　　　2014年9月第1次印刷
开　　本：787mm × 1092mm　1/16
印　　张：17
字　　数：231千字
书　　号：ISBN 978-7-5561-0180-1
定　　价：42.00元

（若有质量问题，请致电质量监督电话：010-84409925）